공부하는 독종이 살아남는다

공부하는 독종이 살아남는다

| 정신과 전문의 이시형 박사 지음 |

중앙books

● Prologue ●

흔들리는 세상, 당신만의 무기는 무엇입니까?

몇 달 전 만난 젊은이가 생각납니다. 취업차 제 사무실을 찾아왔습니다.

젊은이에게 물었습니다.

"자네는 뭘 잘할 수 있나?"

"무엇이든 맡겨만 주시면 최선을 다하겠습니다."

"그것만으로는 안 돼. 자네가 투수라면 어떤 타자라도 요리할 수 있는 다양한 구질이 필요해. 그리고 결정적인 순간, 타자를 아웃시킬 결정구가 또 있어야 하네."

"결정구를 만들려면 어떻게 해야 하나요?"

"이 사람아, 여기저기 기웃거리지 말고, 이런 때일수록 차분히 앉아서 공부를 하게. 얄팍한 이력서 한 장 채우려는 게 진짜 공부는 아니야. 누구도 하지 않았던 새로운 분야라야 해!"

젊은이는 뭔가 실마리가 잡힌다 싶었나 봅니다.

"가령 어떤 공부를?"

"음…… 일단 대학 학과에 없는 분야를 골라 도전하는 게 좋아. 예를 들면 물도 괜찮아. 요즘 물에 대한 관심이 얼마나 많은가. 그런데 정작 물에 대한 전문가는 그리 많지 않지. 회사는 창조적인 전문가를 찾고 있어. 구직난이라지만 실은 구인난이야."

젊은이는 고개를 갸웃거리며 하산했습니다.

그런데 정확히 넉 달 뒤, 그가 내 사무실에 다시 나타났습니다. 이번엔 물병을 들고.

"선생님, 이게 우리 회사가 자랑하는 '○○○ 물'입니다. 선생님 덕분이에요. 감사합니다."

그는 정말로 물 회사 R&D 부서 연구원이 되어 있었습니다. 나와 헤어진 후 곧장 책방으로 달려간 그는 물에 관련된 모든 책을 읽었다고 합니다. 인터넷을 뒤지고, 책 저자들을 직접 찾아다니고, 물 회사를 견학하고, 세미나에 참석하는 사이 그는 완전히 물 전문가가 되었다고 합니다.

취업 방법도 색달랐습니다. 취업을 부탁하러 그 회사에 간 게 아니었습니다. 컨설턴트로 찾아간 것이죠. 준비해 간 동영상으로 프레젠테이션을 하자 회사 연구진도 그의 발표 내용에 관심을 보였습니다. 진지한 토론이 3시간 넘게 이어졌습니다. 그 자리에서 바로 채용이 결정되었습니다.

그는 이제 넉 달 전의 풀 죽은 모습이 전혀 아니었습니다. 자신감 넘치는 목소리로 내게 '○○○ 물'을 설명했습니다. 과장 하나 없는 깔끔한 설명. 진짜 전문가였습니다. 불과 넉 달. 대체 얼마나 독하게 공부를 했던 걸까? 하지만 젊은이는 전혀 힘들지 않았다고 합니다. 공부를 하다 보니 공부 재미를 알게 된 거지요. 몰랐던 걸 아는 재미, 문제를 스스로 해결하는 재미. 이제 어떤 일이 생겨도 겁나지 않는다고 합니다. 넉 달간의 지독한 공부가 가져다준 가장 큰 성과는 일자리가 아니라, 창조적으로 문제를 해결할 수 있는 힘이었던 겁니다.

'진짜 실력'은 '진짜 공부'에서 나온다

그 젊은이만 떠올리면 아직도 흐뭇합니다. 그러나 한편으론 씁쓸합니다. 대학을 졸업하는 순간 차가운 현실의 벽에 부딪혀야 하는 많은 청년 때문입니다. 대학만 졸업하면 고생이 끝날 것 같더니 웬걸, 진짜 고생은 지금부터. 요새 젊은이들 마음고생 하는 모습이 눈에 선합니다. 졸업 공포증 젊은이가 늘어나는 것도 이해가 갑니다.

그러나 언제까지나 학생 시절처럼 비판과 불평만 할 수는 없는 일. 더 이상 내 문제, 사회 문제에 방관자가 될 수는 없습니다. 냉엄한 현실을 직시해야 합니다. 한 치 앞을 내다볼 수 없는 격변의 사회, 세계적인 금융 위기와 불황, 누군들 상상이나 했겠습니까? 있는 사람, 없는 사람 모두 불안과 우울의 늪에 빠져 우왕좌왕입니다.

이런 때일수록 필요한 건 공부, 그것도 창조적 공부입니다. 그 젊은이가 성공한 건 창조적 공부가 무엇인지 알았기 때문입니다. 영어 단어나 상식 하나 더 외워서 '스펙'을 높이는 건 진짜 공부가 아닙니다. 차분히 앉아 내가 처한 상황을 순서대로 생각해 봅시다.

첫째, 우리는 주인입니다. 학생 시절의 손님 같은 기분이어선 안 됩니다. 가정의, 직장의, 그리고 이 사회의 주인. 그래서 책임도 내가 져야 합니다.

둘째, 주인이 되면 문제가 보이기 시작합니다. 예전에는 남의 일이었던 것들이 분명한 내 문제가 되어 다가옵니다.

셋째, 문제가 보이면 해결해야 합니다. 이건 내가 할 일, 내가 아니면 할 수 없는 일입니다.

넷째, 해결하려면 새로운 길을 생각해 내야 합니다. 제도를 고치든, 무언가를 새로 만들든 새로운 과정이 필요합니다.

다섯째, 새로운 걸 만들어 내려면 창조적이어야 합니다. 생각하고, 정리하고, 구체적인 방법을 모의하는 것도 모두 창조적 과정입니다.

여섯째, 창조적으로 되기 위해선 공부를 해야 합니다. 해도 많이 해야 합니다. 전문가의 자문을 구하든 인터넷을 뒤지든 새로운 공부가 필요합니다.

이것이 진짜 공부, 진짜 실력을 만들기 위한 공부입니다. 주부가 찌개를 끓일 때도 비법이 필요한 판입니다. 그 비법은 어디서 나옵니까? 재료 하나하나의 맛, 향기, 영양가를 알아야 합니다. 그래서 주부에게도 공부가 필요합니다.

당신은? 혹시 얄팍한 이력서나 채우겠다고 전전긍긍하는 건 아닙니까? 혹은 이제 공부는 필요 없다고 생각하고 있지는 않습니까?

불확실성의 시대, 창조적 인재만이 살아남는다

공부는 평생 해야 하는 것입니다. 이제 와서 무슨 공부를? 설마 이런 말은 하지 않겠지요.

　멀리 오일 쇼크는 접어 둔다 칩시다. 그 악몽의 IMF 사태, 그리고 최근의 전 세계적 금융 위기. 누구도 예측하지 못했습니다. 어렵게 취업문을 뚫고 나서도 언제 감원 선풍이 불지 조마조마합니다. 앞으로 또 무슨 일이, 어떤 상황이 올지 누구도 예측할 수 없는 불확실성의 시대. 당신은 무엇으로 승부할 생각인가요?

　해결책은 오직 한 가지, 창조적 인재가 되는 것입니다. 생각해 보면 간단한 논리입니다. 난세에 영웅 난다고, 위기에 회사를 구해 낸다면 당신은 당장 회사의 주역으로 떠오르게 됩니다. 취업난이 극심하다고 하지만, 기업 관계자들은 오히려 구인난을 호소합니다. 마땅한 인재가 없다는 겁니다. 당신이 회사가 필요로 하는 인재라면 누가 뽑지 않겠습니까? 그리고 당신이 없으면 회사가 안 돌아갈 판인데 누가 감히 나가랄 수 있겠습니까?

　어떤 시대가 와도 살아남기 위해서는 전천후 요격기가 되어야 합니다. 멀티 인간이 되어야 합니다. 다양한 구질을 가진 투수가 되어야 합니다. 그러나 '결정적 한 방'이 없으면 안 됩니다. 그러기 위해선 많은 연구와 훈련, 누구도 흉내 낼 수 없는 구질, 그게 창조이고 공부입니다.

　공부만 한 투자는 없습니다. 저위험 고수익(Low Risk, High Return). 밑천 들 게 없는데도 노력의 대가가 반드시 돌아오는 안정적 투자처입니다. 그 대가가 당장 눈에 보이지 않더라도 시간이 지나면 알게 될 것입니다. 공부라는 지적 자극은 우리 뇌를 활성화시켜 몸과 마음을 젊게 유지해 줍니다. 최소한 젊음은 보장받습니다. 뭘 더 바라겠습니까?

'공부하는 독종'은 행복한 사람이다

어떻습니까? 공부뿐이라는 생각이 확실히 듭니까? 그러나 공부는 어렵습니다. 더구나 사회인은 공부가 전업이 아닙니다. 하루 10시간은 회사 일에 쓰고, 자투리 시간에 공부해야 합니다. 진짜 과외 공부입니다. 게다가 우리가 공부를 교양으로 할 만큼 형편이 한가합니까? 필요해서, 절실해서 할 수밖에 없는 게 공부라서 시간 탓을 할 여유도 없습니다.

그래서 나이 들어 하는 공부는 학창 시절보다 더 독하게 해야 합니다. 그게 젊은 날의 삶입니다. 치열하지 않은 삶이 어찌 삶이겠습니까.

독하다는 표현이 너무 무섭게 들리나요? 그러나 독해질 수 있는 사람은 진정 행복한 사람입니다. 그만큼 삶의 절실한 의미를 발견한 것이니까요.

공부와 마찬가지로, 독해진다는 건 의지만 있다고 되는 게 아닙니다. 꼭 해내고 싶은 일이 생겨야만 독해질 수 있습니다. 올림픽 6연패 신화를 이룬 한국 여자 양궁팀은 평정심을 잃지 않는 훈련을 하기 위해 목에 뱀을 감았다고 합니다. 최고 상종가를 달리는 배우 김명민은 완벽한 지휘자를 연기하려고 5개월간 정식 지휘 수업을 받았다지요. 우리는 이런 사람들을 보고 '독하다'고 합니다. 그런데 이들이 괴롭고 하기 싫은데 억지로 그러는 것처럼 보입니까?

어렵고 힘들어도 목표를 향해 돌진하는 것! 이건 괴로운 일이 아니라 행복한 일입니다. 하고 싶은 것을 하는데 왜 괴롭겠습니까? 독해지자는 건 이를 악물고 악을 쓰자는 이야기가 아닙니다. 마음 단단히 먹자는 뜻입니다. 그냥 한번 해 보는 게 아니고 사생결단을 내자는 이야기입니다. 나를 이기겠다고 마음먹는 순간 오히려 마음의 행복이 찾아옵니다.

눈에 보이는 성과도 생깁니다. 자신도 모르는 새 실력이 쌓이고, 그것이 당신의 무기가 될 것입니다. 밑천도 안 들고, 성과도 생기고, 하면서도 즐겁습니다. 즐거우면 시간이 없어도, 몸이 힘들어도 공부를 손에서 놓지 않게 되지요.

뇌과학을 알면 공부가 쉬워진다

공부가 즐겁다? 물론 그렇게 되는 건 쉽지 않습니다. 하지만 당신의 뇌를 잘 이해한다면 가능합니다.

무조건 열심히 한다고 공부가 되는 건 아닙니다. 안 되는 건 안 되는 거지요. 그렇다면 어떻게? 바로 그 '어떻게(How to)'를 알려 주는 게 이 책의 목적입니다. 시간은 없고 머리는 굳었다, 그렇다면 이건 어떻습니까? 머리를 다시 말랑말랑하게 해서 공부 시간을 두 배로 활용하는 겁니다. 가능하냐고요? 뇌과학적 방법이라면 가능합니다.

농구 선수를 생각해 봅시다. 평소에는 별 볼 일 없는 선수인데, 이상하게 오늘따라 공만 던지면 쑥쑥 들어갑니다. 정신없이 넣다 보니 경기가 끝난 후 자기가 몇 점이나 따냈는지도 기억 못하지요. 말 그대로 신들린 듯이 공을 넣습니다.

뇌과학에서는 이런 상태를 '존(Zone)에 든다'고 표현하지요. 그 야말로 완전한 몰입입니다. 어느 순간 어떤 계기에 의해 뇌가 존에 들게 되면 자기도 모르는 괴력을 발휘하는 겁니다. 무시무시한 두뇌의 힘! 그런데 이런 힘은 누구에게나 있습니다. 다만 어떻게 해야 그 힘을 발휘할 수 있는지를 잘 모를 뿐입니다.

나이가 들면 머리가 굳는다고 하지만, 뇌과학적으로 볼 때 그 말은 옳지 않습니다. 오히려 절박함을 느끼는 만큼 공부가 잘된다는 게 뇌과학적 결론입니다. 뇌는 적당한 압박을 좋아하기 때문입니다. 정신의학에선 이를 적정한 긴장(Optimum Tension)이라 부릅니다.

또 우리 뇌에는 '작업흥분'이라는 신비스러운 기능이 있습니다. 우리 뇌는 새로운 변화에 가벼운 불안 공포 반응으로 반발합니다. 하지만 동시에 새로운 것에 대한 호기심도 크게 작용합니다. 일단 공부를 시작해 보십시오. 이상하게도 우리 뇌는 시작한 일에 대해 가벼운 흥분을 일으켜 그 일을 계속하게 만듭니다.

게다가 우리 뇌는 생각보다 인내력이 좋습니다. 부신 피질의 방어 호르몬이 아무리 싫은 일도 최소한 3일은 지속할 수 있게 해 줍니다. 눈 딱 감고 3일만 공부해 보십시오. 몰랐던 사실을 깨닫는 즐거움이 생길 것입니다. 뇌는 이 즐거움을 기억합니다. 그렇게 3일씩

열 번을 반복하다 보면 뇌는 어느새 적응을 하게 됩니다. 공부가 습관이 되는 것입니다. 이와 같은 뇌 기능에 대한 더 많은 이야기는 앞으로 차차 하도록 합시다.

뇌의 이러한 기능들을 잘 활용하려면 적당한 시간 조절과 요령이 필요합니다. 따라서 구체적인 방법을 알아야 합니다. 공부 방법도 일종의 창조인 셈이죠. 정해진 길을 따라 한 줄로 움직이는 개미 체질은 창조적 공부를 할 수 없습니다. 학생일 때는 선생님이 가르쳐 준 대로 달달 외워서 출력해 내면 점수를 잘 받을 수 있었습니다. 하지만 지금의 공부는 줄을 이탈해 혼자 먹이를 찾아 떠나는 개미처럼 스스로 알아서 해야 합니다.

정보를 입력할 때부터 듣고, 보고, 읽는 대로 외워선 안 됩니다. 나의 원래 지식을 동원해 비평, 요약, 정리, 편집, 보충해 가면서 창조적으로 입력해야 합니다. 입력된 정보는 창조적 숙성을 거쳐야 합니다. 일단 입력된 지식과 정보는 기존의 많은 지식과 섞이면서 뇌 안에서 '용광로' 현상을 일으킵니다. 우리가 의식하지 못하는 사이 잠재의식이라는 용광로에선 끊임없이 이것저것이 조합되면서 문제 해결을 위한 작업이 진행됩니다. 그러다 어느 순간, 계속 숙제로 남아 있던 문제 해결의 실마리가 떠오르는 것입니다. 입력 → 숙성 → 출력. 이것이 공부의 과정입니다.

그런데 잠재의식의 용광로는 혼자서 기능하는 게 아닙니다. 그 속에 지식과 경험이 많을수록 좋은 해결 조합이 만들어집니다. 만약 머릿속에 기하 공식이 없다면 수학 문제는 풀리지 않을 겁니다.

무(無)에서 유(有)를 만들 수는 없습니다. 입력을 위한 공부를 열심히 해야 하는 이유가 여기 있습니다.

창조적 입력과 창조적 숙성이 잘 이뤄지면 창조적 출력물이 나오는 것은 당연한 이치. 그러나 공부는 여기서 끝이 아닙니다. 아이디어가 떠오르면 본격적인 문제 해결을 위해 전력투구해야 합니다. 문제를 발견하고, 연구하고, 해결하는 것까지 모두가 창조적 공부 과정입니다. 아니, 사실은 그것이 창조적 공부의 본질입니다.

이 책의 목적은 바로 그 구체적 방법을 알려 주는 것입니다. 안 되는 공부를 다그쳐 마구잡이로 하는 건 바람직하지도 않고, 불가능한 일입니다. 잘되는 방법을 이용하다 보면 공부를 좀 더 즐길 수 있게 됩니다. 그렇게 되면 당신도 공부를 습관처럼 할 수 있을 것입니다.

'무조건 열심히'는 집어치워라

그러니 오늘부터 당신의 못난 습관을 깨야 합니다. 일상에서 벗어나라(Off the beaten track)! 퇴근 후 늘어져 텔레비전을 보는 대신 책을 펴 보십시오. 어떤 책이라도 좋습니다. 그 길로 당신의 운명이, 당신의 인생이 달라질 겁니다. 생각나면 바로 시작하는 겁니다. 작업흥분 과정과 부신 피질의 방어 호르몬이 도와줍니다. 반대로 우물쭈물하다 보면 그만 '나태'가 발동, '지금까지 이대로 잘 살았는데 새삼 무슨 공부?'라며 당신을 무너뜨릴 겁니다.

정리해 봅시다. 지금의 불황은 10년이 지나야 끝이 날 거라고들

합니다. 그런데 10년 후 불황이 끝났을 때 당신은 어떤 사람이 되어 있을 것 같습니까? 지금 공부를 시작하면 10년 후 당신은 전문가가 될 겁니다. 전문가란 게 별건가요! 남이 안 하는 걸 내가 먼저 하면 됩니다. 그렇다면 어떤 걸 하시겠습니까? 가장 잘하는 것, 진짜 쓸 수 있는 것을 공부해야 합니다. 해도 독하게 해야 합니다.

이 책에서 그 방법을 가르쳐 드리겠습니다. '무조건 열심히'라는 말은 접어 두십시오. 당신의 두뇌를 어떻게 깨울 것인지, 어떤 호르몬이 정보의 입력과 숙성과 출력을 원활하게 만드는지, 공부 습관을 만드는 뇌과학적 방법은 무엇인지부터 알아야 합니다. 전문의로서의 지식뿐 아니라 나의 실제 경험에서 우러나온 진짜 공부 방법을 알려 드릴 것입니다.

그러니 한 번쯤은 젊음을 투자해도 좋습니다. 불확실한 시대에 세상은 살아남는 자의 몫입니다. 치열함 뒤에 오는 그윽한 행복. 사는 맛이 절로 나는 비결입니다. 세상에 공부만큼 즐거운 게 또 어디 있습니까? 이건 과장이 아닙니다. 이 책을 읽은 독자라면 그 뜻을 이해하게 될 것입니다.

당신의 영광된 앞날을 기원합니다.

2009년 봄을 기다리며
이 시 형

Contents

프롤로그_ 흔들리는 세상, 당신만의 무기는 무엇입니까? · 005

Part 01  나이 들어 하는 공부가 진짜다

무엇을 해야 살아남는가 · 023
나를 살리는 창조, 창조를 위한 공부 전략 · 026
창조가 경쟁력이다 · 029
학교에서는 절대 못 배우는 공부법 · 032
'저위험 고수익', 인생 최고의 투자처 · 036
써먹지 못하면 진짜 공부가 아니다 · 041
나이 들어 하는 공부가 더 잘되는 여섯 가지 이유 · 048
'이 나이에' 라는 생각이 가장 위험하다 · 053

Part 02 뇌과학을 알면 공부의 길이 보인다

공부는 머리로만 하는 게 아니다 · 063
뇌를 달래면 공부가 쉽다 · 067
시작이 반! 두뇌 측좌핵의 작업흥분 과정 · 071

적군이 되는 호르몬 vs 아군이 되는 호르몬 · 078
짧고 강하게! 30분간의 세로토닌 효과를 노려라 · 089
뇌가 좋아하는 여섯 가지 자극 · 095
공부 잘 하는 사람들의 다섯 가지 습관 · 108

Part 03 공부 능력 두 배로 키우는 잠재의식 활용법

모든 행동은 잠재의식의 영향을 받는다 · 117
자면서도 문제를 해결하는 잠재의식의 신비 · 122
문제 해결의 이차선 도로, 의식과 잠재의식 · 128
잠재의식의 창고를 가득 채워라 · 131
공부도 창조도 감정이 한다 · 134
기본은 언어력이다 · 138
구체적 목표를 세우는 '서브 골 작전' · 144
잠재의식을 자극하는 이미지법 · 148

Part 04 공부 테크니션의 여덟 가지 필살기

효율적 공부의 매뉴얼을 익혀라 · 155

첫 번째 몸과 마음을 준비시키는 집중의 비법 · 159

두 번째 초고도 집중력을 기르는 일점 집중의 비법 · 166

세 번째 생각과 감정을 깔끔하게 정리하는 순간 전환의 비법 · 170

네 번째 하루를 48시간처럼 쓰는 시간 창출의 비법 · 174

다섯 번째 긴장과 이완을 적절히 조화시키는 휴식의 비법 · 179

여섯 번째 필요한 정보만 골라 담는 정보 습득의 기술 · 187

일곱 번째 잊거나 깜빡하지 않게 하는 정보 기억의 기술 · 194

여덟 번째 필요할 때마다 쏙쏙 꺼내 쓰는 정보 활용의 기술 · 208

급할 때 활용하는 벼락치기 공부 · 214

'효과 두 배, 즐거움 두 배', 스터디 메이트와 함께 공부하기 · 219

Part 05 불황에도 끄떡없는 '창재'로 거듭나라

천재보다 환영받는 이름, 창재 · 227
창조력은 생존의 문제다 · 230
최고의 창재, 빌 게이츠의 비밀 · 233
누구에게나 강점 지능이 있다 · 236
우리가 미처 몰랐던 우뇌의 힘 · 240
창조적 환경과 창재의 상관관계 · 245
마음만 먹으면 누구나 창재가 된다 · 248
성패는 과학적 훈련 방법에 달렸다 · 251

에필로그_ 가난한 뇌 vs 풍족한 뇌 · 259

Part 01
나이 들어 하는
공부가 진짜다

본격적인 사회인이 되는 20~30대, 이젠 당신이 사회의 주인이다.
주인이 되면 문제가 보인다. 문제가 보이면 해결해야 한다.
해결하려면 공부를 해야 한다.

무엇을 해야 살아남는가

우리가 태어나 가장 많이 듣는 말은 무엇일까? '공부하라'이다.

아이가 제 발로 걷기 시작할 때부터 한글은 물론 영어 공부까지 시킨다. 이렇게 시작된 공부는 초·중·고, 대학을 졸업해도 도무지 끝이 없다. 특별히 공부를 업으로 삼는 직업이 아니어도 계속 공부를 해야만 할 것 같은 사회적 분위기는 가히 압박이라 할 만하다. '공부에도 다 때가 있다'던 말도 이미 옛 이야기.

이제 공부는 학생이라는 특정한 계층이, 특정한 시기에만 하는 일이 아니다. 진학, 자격증 취득, 취업, 진급 등 뚜렷한 목적으로 특정 기간에만 하면 끝나는 일 또한 아니다. 공부는 우리의 삶과 동일시되는 일, 인생 전반에 걸친 삶 그 자체가 되었다. 직장인들을 대상으로 한 수많은 교육 프로그램이 성황을 이루고, 자기 계발서가 무섭게 팔려 나가는 것만 보아도 실감할 수 있다.

왜 이렇게 되었을까? 세상이 무섭게 변하고 있고, 경쟁이 치열해졌기 때문이라고 한다. 일리 있는 말이다. 대형 서점의 베스트셀러 진열대를 보라. 직장인들에게 '승진하려면 공부해야 한다', '살아남으려면 공부해야 한다', '더 늦기 전에 공부에 미쳐야 한다' 등등 자극적인 처방서가 즐비하다. 이 치열한 경쟁 사회에서 계속 공부하지 않는 사람은 이길 수 없고, 살아남을 수조차 없기 때문이다. 하지만 이것이 다는 아니다.

우리 조상들은 공부하는 것과 사람이 되어 간다는 것을 같은 문제로 생각했다. 삶과 앎을 동일시한 것이다. 퇴계 이황의 학문도 출발점은 일상이었다고 한다.

어느 때인들 공부하지 않을 수 있으랴! 선생은 하루를 시간 단위로 나누어 매 시간에 의미를 부여하고, 그 시간마다 해야 할 공부를 정해 두었다. 이른 새벽 잠에서 깨어 잠자리에 들 때까지 바른 자세로 글을 읽고 생각하는 일상이 선비로서 가장 올바른 삶이며, 그것이 곧 공부라고 여겼다.

그렇다. 공부는 평생 해야 하는 일이며 살아가는 것 그 자체다. 선비들이 참 공부라고 했던 그 깊은 의미가 이 시대에도 변함없이 통하고 있다. 죽을 때까지 해야만 하는 가장 가치 있는 일, 그것이 바로 공부다. 하지만 잘 알면서도 공부라면 주저하게 된다.

지긋지긋한 입시 지옥, 진학, 졸업, 겨우 취업……. 이젠 공부로부터 해방되나 보다 한숨 돌리는데 또 공부라니!

'졸업한 지가 언제인데……'

'이제 와서 새삼 무슨 공부를 또?'

'이 나이에? 머리도 다 굳었는데……'

하지만 진짜 공부는 지금부터다. 본격적인 사회인이 되는 20~30대, 이젠 당신이 사회의 주인이다. 주인이 되면 문제가 보인다. 문제가 보이면 해결해야 한다. 해결하려면 공부를 해야 한다.

이 모든 게 창조적 공부로 귀결된다. 안 하고는 못 배기는 공부, 이제 당신에게 공부는 선택이 아니라 생존의 필수 전략이다.

나를 살리는 창조, 창조를 위한 공부 전략

그래서 해야 하는 게 공부다. 왜? 바야흐로 창조의 세기, 뭔가 새로운 것을 만들어 내지 않으면 안 되는 시대가 되었기 때문이다. 어느 분야에서 무엇을 하든 창조적인 생활을 하지 않으면 낙오된다. 누구든 예외 없다. 주부가 찌개 하나를 끓여도 창조다. 찌개를 잘 끓이려면 파 한 뿌리, 마늘 한 조각의 영양가까지 알고 있어야 한다.

창조를 위해서는 많은 공부를 해야 한다. 어쩌면 이게 우리가 평생, 죽을 때까지 공부해야 하는 가장 큰 이유일 것이다.

고도의 지식 사회에서는 정말이지 하루를 대충대충 아무렇게나 살 수 없다. 생각 없이 살다 보면 박물관의 미라로 전락하고 만다. 성공적인 인생을 위해 그리고 장수 시대 건강을 위해서도 창조적 생활은 이제 더 이상 미룰 수 없는 긴박한 과제가 되었다.

창조적 생활이란 머리를 쓰며 사는 것이다. 새로운 것을 공부하고, 새로운 것을 만들어 내다 보면 우리 뇌에는 젊음과 활력이 넘치게 된다. 지적 자극과 지적 쾌감, 이보다 더 좋은 뇌의 활력소는 없다.

우리 주변을 둘러보라. 교수, 연구원뿐만 아니라 화가, 지휘자 등 모든 예술 분야 종사자들은 늙지 않는다. 그들에겐 삶 자체가 창조이기 때문이다. 이젠 그들만이 아니다. 길 가는 사람들을 보라. 정말 젊다. 도대체 나이를 가늠할 수가 없다. 지독한 스트레스와 경쟁에 시달리면서도 어쩌면 저렇게 젊은지 이상할 정도다. 생활 환경이 윤택해진 덕도 있겠지만, 현대인은 그만큼 지적이고 창조적인 생활을 하고 있다는 단적인 증거다. 젊게 살려면 머리를 써야 한다.

창조적 생활은 목표 지향적이다. 학생의 입시 공부, 사회인의 자격 및 승진 시험, 예술가의 공연 준비 등 지적 노동자가 하는 모든 일은 내일을 위한 창조적인 활동이다. 비록 그 과정은 힘들더라도 한 단계씩 목표를 향해 올라가고 있다는 느낌만으로도 뇌는 가벼운 흥분에 들뜨고 피로를 잊는다. 의욕이 넘치고 활력이 생긴다.

일단 목표가 정해지면 뇌는 그 방향으로 모든 초점을 맞춘다. 그곳을 향해 나아가도록 심신을 조절한다. 드디어 성공한 순간, 그 환희와 희열은 그간의 피로를 말끔히 가시게 한다. 자부와 긍지로 넘치게 한다. 비록 남들이 보기에 하찮은 작은 성공일지라도 뇌는 그것을 즐긴다. 그러고는 또 다른 성공을 위해 준비한다.

이렇듯 목표가 분명하면 그 과정의 괴로움이나 난관, 스트레스는 문제가 안 된다. 우리 뇌는 다음에 올 성공의 승리감을 알기 때문에 잘 참고 견뎌 준다. 오히려 힘들수록 성취의 기쁨이 더 크다는 것도 뇌는 이미 경험으로 알고 있다. 그 목표를 위해 우리는 시간의 흐름도 잊은 채 그 일에 빠진다. 일에 몰입할 때의 그 쾌감, 흥분의 맛을 뇌는 잘 알고 있는 것이다.

창조와 공부는 건강, 의욕, 젊음, 성공, 그리고 행복을 안겨 준다. 그러니 무엇을 더 바라겠는가.

세계를 둘러보라. 엄청난 문명의 격차 앞에 놀랄 뿐이다. 세계의 흐름을 읽어야 한다. 이제는 창조만이 살길이다. 창조 없이는 개인의 건강이나 성공이 없고, 국제 경쟁력도 없다. 이제는 창조가 곧 생활인 창조적 삶을 살 때다.

공부의 가장 절박한 목적은 바로 이것이다. 창조를 위해 공부를 해야 하는 것이다. 그리고 이제 공부도 창조적으로 해야 한다. 제한된 시간에 많은 양의 공부를 하기 위해서는 창조적인 압축 공부법이 필수다. 이것이 이 책의 목표다.

창조가 경쟁력이다

"무엇을 해서 먹고살아야 하나?"

언젠가 국내 굴지의 대기업 회장이 한 말이다. 요즘 세상 돌아가는 모습을 보면 이 말이 아주 실감 난다.

농촌을 보자. 가까이는 중국, 멀리는 미주에서 생산된 농산물까지 이미 우리의 밥상을 거의 점령해 버려 우리 농부들이 설 곳이 점점 줄어들고 있다. 공산품은 중국을 비롯한 동남아 국가의 인건비를 당해 낼 재주가 없다. IT 강국 코리아라지만, 이 역시 인도의 거센 도전을 막아 내기엔 역부족이다.

우리는 지난 수십 년 동안 모방과 근면으로 발전해 왔지만 이것만으로는 한계에 이르렀음을 실감하고 있다. 이제 우리가 살길은 오직 하나, 새로운 것을 만들어 내야 한다. 누구도 흉내 낼 수 없는 새로운 것을 만들어야 세계 시장에서 생존할 수 있다.

농사도 재래식 방법으로는 경쟁력이 없다. 새로운 종자 개발부터 영농 기술, 무공해·유기농 재배 등 신기술을 개발, 경쟁력을 키워야 한다. 공산품 제조업 분야도 예외가 아니다. 신기술 개발만이 살 길이다. 생산량은 물론 질적인 면에서도 이웃 나라 중국에 추월당하는 건 시간문제다. 소프트웨어 시장도 마찬가지. 인도의 소프트웨어 인력과 기술은 이미 선진 미국 시장을 강점하고 있다. 인도에서는 학교에서 계산기를 쓰지 못하게 한다. 암산으로 두뇌를 개발하도록 철저히 교육한다. 기초 교육뿐인가. 당장 인구 면에서 압도적이다. 게다가 영어권 국가이다.

요즈음 우리나라의 고급 전자 기술 제품들이 세계 시장에서 선두 다툼을 하고 있지만 기술 로열티를 주고 나면 남는 게 없다. 무얼 해서 먹고살까? 괜한 엄살만은 아니다.

이제 우리에게 남은 길은 단 하나, 창조다. 창조만이 살길이다. 창조라는 새로운 경쟁력을 만들어 내야만 하는 시점이 온 것이다.

우리에게 자원은 인재밖에 없다. 새로운 경쟁력을 키울 창조적 인재, 즉 창재(創才)의 양성은 더 이상 미룰 수 없는 국가적 과제이며 우리의 생존과 직결되는 문제다.

하지만 나는 이 문제에 대해 무척 낙관적이다. 우리는 지난 반세기 동안 가히 무(無)에서 유(有)를 창조해 낸 기적 같은 관록을 갖고 있지 않은가. 이보다 확실한 낙관적 근거가 또 어디 있겠나.

많은 기술을 빌려 오긴 했지만 거기에 우리의 독특한 창조성을 발휘, 세계인이 탐낼 창작물을 속속 만들어 냈다. 그러는 사이 우리만의 독창적인 기술이 발전되었다.

우리는 창조적인 민족이다. 그래서 공부도 잘하고, 하면 잘된다. 세계 어디를 가도 한민족은 새로운 환경에 대한 적응이 빠르고 잘 먹고 잘 산다. 어느 곳에서든 기막힌 유연성과 융통성을 발휘할 수 있는 것도 한국인 특유의 창조성이 바탕에 깔려 있기 때문이다.

이건 괜히 국수주의적 우월 의식에서 하는 소리가 아니다. 객관적으로 증명된 뇌과학적 결론이다. 이러한 창조적 자질을 더욱 개발해 다가오는 불확실의 시대에 대비해야 한다. 그러려면 제한된 시간에 보다 효율적으로 공부해 숨은 창조적 잠재력을 구체화하고 끄집어내야 한다.

학교에서는 절대 못 배우는 공부법

창조의 중요성을 깨닫게 되면 자연스레 이런 의문이 생긴다.

'왜 어릴 적부터 창조가 몸에 익히도록 가르치지 않았을까?'

'왜 이 중요한 창조력을 학교에서는 가르치지 않는가?'

하지만 창조의 본질을 생각한다면 학교 측 사정이 이해가 된다. 무엇보다 학교 입장에선 결과가 확실해야 한다. 그것도 입시 성적이라는 단기적인 결과가 확실해야 하기 때문에 주입식과 암기 위주로 단기간에 승부하는 공부를 시킬 수밖에 없다.

입시에는 교과서에 없는 엉뚱한, 창조적인 문제는 나오지 않는다. 교과서에 있는 답을 찾아 재생하는 수준의 문제다. 하지만 창조는 전혀 차원이 다르다. 우선 창조에는 정답이 없다. 새로운 답을 만들어 내는 것이 창조이기 때문이다. 이 세상에 없는 새로운 답, 그것을 금방 생각해 내기란 쉽지 않다. 새로운 아이디어는 주어진 시험 시간 내에 머리를 쥐어짠다고 떠오르는 게 아니다. 언제 떠오를지, 전혀 예상할 수 없다.

따라서 학교에서 결과도 확실치 않은 창조력을 교육한다는 것은 무모한 일. 의식 있는 교사들은 이를 알면서도 입시에 혈안이 된 학부형의 성화를 견뎌 내기 어렵다. 당장 입시라는 관문을 통과하는 것이 급선무다.

이런 풍토에서 장기적인 노력에도 결과를 예측하기 힘든 비효율적인 창조성 교육을 학교에서 시킬 수는 없지 않은가. 틀에 맞춘, 통제된 대량 학습을 시킬 수밖에 없다. 그리고 특별한 경우를 제외하고는 아이들의 잠재적 창조력을 일찍 발견해 내기란 거의 불가능하다. 창조적 연구가 어려운 것도 이 때문이다. 재현성이 적고 객관적인 평가가 어렵다.

회사에서 신입 사원을 모집할 때도 창조적 인재, 창재를 찾느라 온갖 방법을 쓴다. 학교 성적보다 면접 비중을 높여 융통성과 유연성, 위기 대처 능력과 유머 감각, 대인 관계 등 다양한 능력을 시험하지만 획기적인 성과는 아직 얻지 못하고 있다. 인재 발굴에 난항을 겪는 회사 측의 고충도 이해된다.

하지만 어렵게 찾아내면 뭐 하나. 직원 교육을 위한 그 많은 교재, 업무 매뉴얼 중 창조에 관한 내용은 빈약하기만 하다. 창조적 인재 찾기에 기업이 사활을 걸고 있지만, 찾기도 교육하기도 어려운 것이 창조력이다. 장기간에 걸쳐 직원의 업무 능력을 지켜보는 수밖에 없다.

결국 학교에서든 사회에서든 창조력이란 누군가가 위에서 가르치는 '보텀 다운(Bottom Down) 방식'으로는 기를 수 없다. 어찌 보면 창조력 교육은 교사 없는 학습이다. 기발한 창조력은 무작위로 발휘된다. 언제, 어떤 계기로, 어떤 조건 아래에서 창조력이 발현된다는 보장도 없다. 이것은 의식으로 제어할 수 있는 일이 아닌, 자동적·자발적·무의식적 차원에서 진행되는 통찰에 의한 학습이다.

창조적 공부를 잘할 수 있는 곳은 사회다. 우리가 살아가는 생활 공간이다. 사회에 나와야 진짜 공부가 되는 것도 그 때문이다.

실제로 우리는 짧은 근대화 과정에서 가히 기적이라고 할 수밖에 없는 수많은 창조적 업적을 창출해 냈다. 고속도로, 자동차, 조선, 항공……. 1960년대 초까지 세발자전거도 만들 줄 모르던 우리에게 이보다 더한 창조적 기적은 없다.

그 기적의 원동력은 무엇일까? 역설적이게도 그 바탕은 말 많은 학교 교육이었다. 하향식, 주입식, 암기식 등 틀에 박힌 대량 교육이라는 비판도 많았지만, 이 교육이 근간이 되어 찬란한 창조적 업적을 이룩해 낸 것이다. 이런 공부가 사회에 나가 무슨 소용이 있을까 반발도 했으나, 결국에는 학교 교육이 기적의 원천이 된 것이다.

창조는 결코 '완전한 무'에서 유를 창출하는 것이 아니다. 많은 자료가 뇌 속에 들어가야 거기서 새롭고 좋은 발상이 나온다. 무슨 수를 쓰든, 짧은 시간에 많은 정보를 머릿속에 집어넣었기에 그런 기적적인 창조 작업이 가능했던 것이다.

　물론 창조력 학습이 현실적으로 어렵다고 그냥 방임할 수는 없다. 결국 해야만 하는 것이다. 어떻게 잘할 수 있는지 방법을 찾아야 한다. 뇌과학 지식을 총동원해 이 난제에 도전해야 한다. 이것이 이 책의 궁극적인 목적이다.

'저위험 고수익', 인생 최고의 투자처

공부란 본디 하기 싫은 일이다. 우등생이든 열등생이든, 머리가 좋든 나쁘든 공부는 일단 싫은 것이다. 어릴 적부터 공부가 마냥 즐겁고 행복해서 하는 사람은 별로 없다.

의사라는 직업도 따지고 보면 공부를 업으로 하는 직업이다. 학부 시절부터 인턴과 전문의 과정에 이르기까지 의사가 되기 위해 해야 하는 공부량은 실로 엄청나다. 그리고 이건 사람의 생명이 오가는 일이라서 더욱 그렇다.

전문의가 되고 나면 쉬우려니 하지만 그때부터가 진짜 공부다. 하루도 하지 않으면 도저히 살아남을 수 없는 살벌한 전장에 뛰어든 신세가 되고 만다.

몇 대째 의사를 지낸 집안의 아이가 자신은 절대 의대에 진학하지 않겠다고 완강히 버틴다. 이유는 간단하다. 할아버지나 아버지에겐 자기 삶이 없다는 것. 평생을 공부, 공부, 공부! 자기는 그런 손해 보는 짓은 하고 싶지 않다는 것이다.

나 역시 공부가 죽도록 싫었다. 그렇지만 나는 공부가 손해 보는 짓이라고 생각해 본 적은 없다. 알수록 득이 되고, 절대 해가 될 리 없는 '무해백익(無害百益)'의 지식을 습득하며, 그것을 자기 것으로 만드는 일이 바로 공부다. 그래서 나는 공부만큼 효율적이고 경제적인 일은 없다고 생각한다.

공부만큼 쉬운 일도 없다

막노동으로 생활비를 벌어 가며 서울대에 수석 입학한 청년이 《공부가 가장 쉬웠어요》라는 책을 내 화제가 된 적이 있다. 뭐라고? 좀 황당한 생각이 든 사람도 적지 않았을 것이다.

그러나 저자는 자신의 힘든 일과 중 '공부가 제일 쉬웠다'고 말했을 뿐이다. 건설 현장 인부로, 음식점 배달원으로 생계를 위해 돈을 벌어 가며 그야말로 주경야독한 저자에게 공부는 다른 일에 비해 체력적으로 쉬운 일이었을 수도 있다. 공부가 불안한 현실을 잊게 해 주는 도피처였을 수도 있고, 불확실한 미래를 향한 유일한 돌파구였을 수도 있다. 좋고 싫고의 문제가 아니다. 다만 자신의 처지에서 공부가 가장 쉬운 일이었을 뿐이다. 하지만 그런 저자도 공부가 재미있거나 즐거운 일이라고 말하지는 않았다.

공부가 싫든 좋든, 쉽든 어렵든, 아무리 생각해도 공부만큼 확실하고 안전한 투자는 없다. 공부만큼 쉬운 일도 없다는 결론이 나옴 직도 하다.

공부는 일단 해 두기만 하면 그 결과가 없어지거나 사라지지 않는 확실한 자산이 된다. 당장 자기 하는 일에 확실한 도움을 주며, 미래에도 지속적으로 가치를 창출해 낸다.

모든 투자에는 어느 정도의 위험이 따르게 마련이지만 공부만큼은 위험도 없다. 자산 투자에는 '고위험 고수익(High Risk, High Return) 원칙'이 있다. 그러나 공부에 관한 한 '저위험 고수익(Low Risk, High Return) 원칙'이다. 손해도 없을뿐더러 일단 투자해 두면 불어나는 법은 있어도 줄어드는 법은 없다.

공부가 얼마나 효율적인 투자인지는 최근 발달한 뇌과학이 증명한다.

공부를 할수록 우리의 뇌는 활성화된다. 해마의 신경 세포가 증식되기 때문이다. 새로운 신경 세포는 노화를 방지하고, 젊음과 건강을 유지하게 한다. 공부를 하면 창의력이 함양된다. 이건 상식이다. 그리고 일을 보다 성공적으로 수행할 수 있다. 공부를 하면 주의 집중력, 기억력, 이해력이 좋아져서 궁극적으로는 업무 능률도 향상된다. 그리고 목적 달성에 따르는 성취감, 자부심, 긍지도 함께 온다. 열심히 공부해서 자격증을 취득하면 전천후 요격기가 되어 제2, 제3의 인생을 살 수 있다는 자신감도 생긴다.

공부는 성공을 낳고, 성공은 성취감과 자신감을 거쳐 행복으로 이어진다. 행복은 우리 삶에 생기와 의욕을 불어넣는다. 공부는 돈보다 값진 희망과 행복을 만든다. 공부는 돈 그 이상이다.

삶은 곧 앎이다

하지만 우리가 공부를 해야만 하는 이유가 이것만은 아니다. 원래 공부는 어떤 목적을 위한 도구나 수단이 아니라, 그 자체로 충분한 목적이었다.

제자가 스승인 플라톤에게 묻는다.

"올림픽 우승자에게는 상이 주어지는데, 왜 철학자에게는 아무런 상이 없습니까?"

"상이란 모름지기 그 업적보다 가치 있는 것일 때 의미가 있을진대, 지혜를 얻는 일보다 가치 있는 것이 세상에 어디 있어 달리 상을 주겠느냐."

삶과 앎을 동일시했던 우리 조상들도 같은 생각이었다. 지혜를 얻는 앎과 그 과정 자체만으로도 충분한 가치가 있다고 생각한 것이다.

그러나 치열한 근대화의 과정을 겪으며 우리나라에서는 공부가 입신출세를 위한 도구가 돼 버리고 말았다. 교육이 과열될 수밖에 없었고, 덕분에 짧은 기간 전 세계가 깜짝 놀랄 만큼 발전하며 많은 부를 창출했다. 한강의 기적을 이룬 원동력이 바로 공부에 있었으니, 대한민국의 괄목할 만한 발전은 '공부의 기적'이라 해도 과언이 아니다.

그 의미가 어떻게 변하든 공부는 분명히 세상에서 가장 효율적인 투자다. 절대 손해 볼 일 없는 '저위험 고수익'이 보장된다. 이 투자의 수익은 금전적으로 환산될 수도 있고 명예나 교양으로 나타날 수도 있지만, 가장 값진 수익은 바로 삶의 질이다. 삶이 곧 앎이다. 앎에 힘쓸 때 우리의 삶은 풍요로워진다. 물질적으로나 정신적으로.

써먹지 못하면 진짜 공부가 아니다

10대와 20대 초반, 우리에게 공부는 올가미였다. 이제 끝인가 싶은 20대 후반부터 40대까지도 공부는 여전히 끝나지 않은 숙제로 남아 있다. 대체 언제쯤이면 공부의 압박에서 자유로워질 수 있을까?

불행히도, 혹은 고맙게도 그 끝은 요원하다. 공부해야 한다. 이제 이건 선택이 아닌 필수요, 당위다. 그리고 열심히 하는 것만으로는 별 승산이 없다. 잘해야 한다. 그래야 이긴다. 공부에도 테크닉이 필요한 시대가 된 것이다.

'언젠가 필요할지도 모르는 것'은 공부가 아니다

공부를 취미로 한다고 한들 무슨 시비랴! 옛 성현들의 말씀처럼 삶이 곧 앎이라는 자세라면 얼마나 좋으랴! 쓰일 일이 있건 없건 문제 될 건 없다. 하지만 우리는 그럴 만한 팔자가 못 된다. 필요해서 하는 게 공부다. 그리고 능률적인 공부를 하려면 그래야 한다.

'해 두면 언젠가는 필요하겠지!' 라는 막연한 생각으로 하는 공부는 오래 못 간다.

'중국 시장이 크다고 하니 중국어를 배워 두면 언젠가는 도움이 될 거야.'

'먹는장사는 망하는 법이 없다니 요리를 좀 배워 둘까?'

'요즘은 와인을 모르면 행세를 할 수 없다는데 와인 강좌를 들어 볼까?'

이런 막연한 생각으로 시작하는 공부는 대체로 시작만 있고 끝이 없다.

우리가 기억해야 할 가장 중요한 사실 하나! 공부는 언젠가 일어날지도 모르는 만약의 일을 위한 대비가 아니다. 분명하고 확실한 필요에 의해 하는 것이다. 해 두면 언젠가 쓰일지 모르는 것이 아니라 반드시 쓰일, 꼭 필요한 것이어야 한다.

분명한 목적을 아는 게 공부의 시작이다

공부는 수단이다. 공부하는 것이 목적이 될 수는 없다. 다만 공부가 업인 교수나 학자들은 지적 쾌감 또는 만족감, 그리고 학문적 완성을 궁극의 목적으로 삼는다. 그래서 언뜻 공부 그 자체가 목적인 것처럼 보일 수도 있다. 하지만 이들도 쓰일 데 없는 공부는 하지 않는다. 필요해서 하고 필요한 것만 한다.

목적이 있어야 성공적인 공부 전략과 전술을 세울 수 있다. 목적과 계획이 없는 공부는 쉽게 포기하게 된다. 이 공부가 왜 필요한지 그 가치와 중요성을 제대로 파악할 때 학습은 탄력을 받는다. 책상 앞에 앉기 전에 내가 왜 이 공부를 해야 하는지, 그리고 이 공부를 함으로써 어떤 성과를 이룰 것인지 생각하고, 그 결과를 구체적으로 상상하라. 그토록 싫던 공부도 한결 쉽게, 아니 즐겁게 느껴질 것이다.

하기 싫은 공부도 3일만 지속하면 습관이 된다

식후에 커피 한 잔, 퇴근길 대포처럼 공부도 습관이 될 수 있다! 믿기지 않겠지만 사실이다.

일단 공부를 시작하는 거다. 아무리 싫어도 일단 참고 딱 3일만 해 보자. 설마 3일이야 못 참겠어? 그것으로 내 운명이, 인생이 달라질 판인데!

기억하라! 부신 피질의 방어 호르몬. 아무리 싫은 일도, 스트레스도 3일은 참고 견딜 수 있게 해 준다. 하다 보면 어느 순간 새로운 것을 알게 되는 일이 재미있고 즐겁다는 생각이 든다. 참 신기하다. 그러고 난 후 또 3일. 이제 처음처럼 힘들지는 않다. 뇌는 좋은 것을 좋아하는 습성이 있기 때문이다. 그렇게 열 번만 해 보자. 그

싫던 공부가 거짓말처럼 습관이 된다. 드디어 공부가 몸에 배는 것이다.

아무리 싫은 일도 3일씩 딱 열 번만 계속하면 버릇이 되고 습관이 된다. 이는 뇌과학의 실험적 결론이다.

뇌는 뭔가를 달성할 때 즐거움을 느낀다. 이때 우리 뇌는 그 기분 좋은 상태를 유지하기 위해 도파민, 세로토닌 등의 쾌락 보수 물질을 방출한다. 뇌가 우리에게 푸짐한 상을 주는 것이다. 이 과정이 반복되면 습관이 된다. 이런 현상을 뇌과학에서는 강화학습(强化學習)이라고 한다. 공부를 해서 하나를 알면 기분 좋은 보상을 해 주고, 그러면 다시 보상을 받기 위해 공부를 더 하게 되는 현상이다. 이 간단한 뇌의 원리를 잘 활용하면 공부를 습관처럼 할 수 있게 된다.

식후 커피 한 잔처럼 굳이 공부한다는 생각도 없이 절로 책상 앞에 앉아 책을 펼칠 수 있다. 오래 앉아 있어도 좀이 쑤시지 않는다. 이젠 공부가 습관처럼 자연스러운 일이니까.

공부는 승승장구의 신화가 아니라 실패의 과정이다

자전거를 배울 때 한 번도 안 넘어진 사람이 있을까? 몇 번씩 넘어지고 다쳐 봤을 것이다. 그 아픔만 기억하고 재도전을 주저하면 자전거 타기는 영영 배울 수 없다. 하지만 몇 번의 실패를 극복하면 자전거 페달을 힘차게 밟아 시원한 바람을 가를 수 있다. 행여 넘어질까 균형을 의식할 것도 없다. 절로 된다. 페달 밟기를 멈추지 않는 한 자전거는 넘어지지 않는다.

공부도 마찬가지. 처음에는 어렵고 힘들기만 하다. 갑자기 졸리고, 허리도 아프다. 자꾸만 꾀가 나고 집중이 안 된다. 그러나 이 고비를 몇 번 넘기고 나면 재미가 붙고 요령이 생긴다. 다음에 공부할 때는 전에 해 본 경험을 살려 어떻게 하면 집중이 잘되는지, 그 감각을 되찾아 진도도 빨라진다.

새로운 것을 익히고 창조하는 데는 실패가 기본이다. 실패 없이는 불가능하다. 영어를 배울 때도 단어를 익히는 것부터가 실패의 연속이다. 발음도 엉망이고 해석도 엉뚱하다. 하지만 그게 두려우면 영어 배우기는 불가능하다. 특히 영어 회화는 성격과도 밀접한 관계가 있다. 소위 얼굴이 두꺼운 사람이 빨리 는다. 사람들이 웃어도 개의치 않고 계속 영어로 말하는 사람이 진도가 빠르다.

웃다니? 웃는 놈이 웃기는 놈이지! 원어민이 아닌 다음에야 영어 못하는 게 당연하지!

실패 없이는 새로운 것을 익힐 수 없다. 실패를 되풀이하면서 익혀야 기억의 정착도 쉽다는 보고가 있다. 쉽게 외운 건 쉽게 잊어버린다. 여러 차례 실수하고 혼나 가면서 힘들게 배운 내용이 기억에 오래 남는다. 그래야 뇌의 새로운 회로가 강고하게 형성되기 때문이다.

실패를 두려워하는 것은 마음일 뿐 뇌는 웬만한 실패는 잘 감당해 준다. 실패로부터 새로운 것을 배울 수 있고, 실패가 되풀이되면서 조금씩 실력이 향상되어 목표에 다가간다는 성취감을 맛볼 수 있기 때문이다. 실패는 성공으로 가는 과정일 뿐이다. 공부를 멈추지 않는 한 반드시 발전할 것이다.

공부는 노력한 만큼 되돌아오는 부메랑이다

큰 투자를 하려면 상당한 자본이 있어야 한다. 이른바 종잣돈이다. 하지만 요즘은 말이 종잣돈이지 그 규모가 어마어마하다. 평범한 소시민은 엄두도 못 낸다.

사업을 위한 투자에 종잣돈이 필요한 것처럼 성공을 위한 공부에도 종잣돈이 있어야 한다. 하지만 겁먹지 않아도 된다. 다른 투자에 비하면 턱없이 작은 돈이기 때문이다. 한 달 학원비, 책 한 권 값 때문에 통장이 바닥나진 않는다. 공부를 위한 종잣돈이 만만치 않은 경우도 물론 있다. 미술이나 요리처럼 실습을 해야 하는 학습에는 비용이 많이 든다. 그러나 이것만은 분명하다. 돈이 아까워 공부하지 않으면 절대로 돈을 벌 수 없다는 것이다. 그리고 우리에게 그만한 여유는 있다.

공부를 위한 투자를 아까워해서는 안 된다. 게다가 우리에겐 시간이라는 훌륭한 자산이 있다. 약간의 돈과 시간, 공부에 있어 이보다 더 값진 자산이 어디 있겠는가. 더 이상 망설이거나 핑계 댈 일이 아니다. 공부하자. 우리가 짐작하는 것 이상의 수익을 공부는 약속한다. 손때가 묻어 너덜너덜해진 책 한 권은 취업의 문을 여는 열쇠가 될 것이다. 어학 공부에 투자했던 시간은 고스란히 승진의 사다리가 되어 줄 것이다. 혹시 아는가. 멋진 시 한 편 외워 둔 것이 그녀의 마음을 사로잡을 동아줄이 될지.

'저위험 고수익.'

여러 차례 언급한 이 말을 다시 한 번 곱씹어 보자. 위험 부담이 없고 반드시 큰 성과를 이룰 수 있다. 이 세상에 그런 투자가 또 어디 있는가. 공부는 부메랑이다. 그 효과는 반드시 돌아온다.

이 달콤한 투자에 딱 한 가지 필요한 것, 그것은 견디는 시간이다. 일반적 투자에도 수익을 거두기까지 그 초조함을 견딜 강심장이 필요하다. 물론 최선을 다해야 한다. 그다음은 기다림이다.

공부도 마찬가지. 온갖 잡념이 떠오른다. 그뿐인가! 이 공부가 과연 내게 고수익을 보장할 것인가, 끊임없이 밀려드는 회의와 불안을 견뎌 내는 굳은 심지가 있어야 한다. 여기가 승부처다. 이를 견뎌 이겨 내야 한다. 성공은 멀지 않다. 공부라는 부메랑은 반드시 크게 돌아온다. 흔들리지 말고 계속하자! 처음 3일, 3주, 그리고 3개월. 이 고비만 넘기면 당신의 인생은 탄탄대로다.

나이 들어 하는 공부가 더 잘되는 여섯 가지 이유

'공부도 다 때가 있다' 던 말도 이젠 진짜 옛말이다. 바야흐로 인간 수명은 100세를 넘어 120세를 향해 가고 있다. 나이 들어 하는 공부는 이제 선택이 아닌 필수다. 그런데 신기하게도 나이 들수록 공부가 즐겁다. 즐겁다니? 학창 시절 그렇게 넌덜머리가 나던 공부였는데, 설마? 하지만 사실이다.

절실한 만큼 몰입이 쉽기 때문이다

학창 시절엔 시키니까 하는 공부였다. 안 하면 혼이 났다. 지긋지긋했다. 대학만 졸업하면 책상도 치워 버리리라. 그런데 막상 사회로 진출하니 후회막심.

'그때 공부 좀 더 할걸……'

치열한 경쟁에서 살아남는 방법은 오직 공부뿐이라는 것을 깨닫게 된다. 승진, 영전, 아니 도태라도 면하려면 이 길뿐이다. 공부 없이 그냥 되는 일은 없다. 이젠 공부하라고 시키는 사람도, 안 한다고 혼내는 사람도 없지만 절로 책상 앞으로, 학원으로 향하게 된다. 싫증이 나도 잘 참는다. 이게 나잇값이다.

이번 시험만 통과하면 승진이다. 공부에 열중할 수밖에 없다. 집중, 몰입. 그러노라면 어느새 슬슬 공부에 재미가 붙는다. 공부 재미! 이보다 더 큰 축복은 없다. 학창 시절에 이랬다면 얼마나 좋았을까.

창의적인 공부가 가능하기 때문이다

학창 시절의 공부는 오직 시험용이었다. 써먹을 데도 없는 이 공부를 왜 해야 하나? 회의도 들고 짜증도 난다.

학교 공부는 주입식. 달달 외워 넣은 걸 그대로 빼내 시험지에 옮기는 게 전부다. 창조적인 공부와는 거리가 멀다. 하지만 이젠 공부도 창조적으로 해야 하고, 공부가 실생활에 창조적으로 활용될 수 있어야 한다.

어른의 공부는 응용할 기회가 많다. 책에서 본 지식이 실생활 문제 해결에 도움이 될 때도 있고, 익혀 둔 영어 몇 마디로 갑자기 걸려 온 외국인의 전화에 응대도 할 수 있다. 당장 써먹을 수 있다 보니 공부하면서 '이 내용은 그 일을 할 때 도움이 되겠구나!' 하고 실용 방안을 생각하게 된다. '아, 이래서 그랬구나!' 하고 무릎을 치는 순간, 우리 머리엔 불이 번쩍 켜진다. 이게 젊음과 건강을 지켜 주는 창조적 공부의 축복이다.

응용이 절로 되고, 응용은 새로운 창의적 생각을 낳는다. 책 속의 지식이 우리 머리에서 소화되면서 창의적인 지혜를 낳는 것이다. 시험이 끝나면 초조하게 성적표만 기다리던 학창 시절의 공부와는 사뭇 다르지 않은가? 이것이 만학의 즐거움이다.

풍부한 경험이 공부의 요령을 찾아 주기 때문이다

바둑은 나이가 들면 특별히 노력하지 않아도 점점 실력이 는다고 한다. 대국을 읽는 혜안이 생기기 때문이다. 인생의 깊이에서 우러나온 안목과 식견이 때로는 연습을 뛰어넘는다. 공부도 마찬가지! 차곡차곡 쌓아 놨던 인생의 경험 덕분에 책만 뒤지는 학생들보다 문제 해결 능력이 월등하다.

어른들은 어려운 문제를 만나면 그 답을 어떻게 찾아야 하는지, 어디쯤에서 찾아야 하는지를 경험으로 안다. 수십 년 쌓인 공부 경험 덕분에 '예전에 이렇게 하니까 이해가 더 잘되더라', '어떤 음악을 들으니 집중이 더 잘되더라', '영어 단어는 이렇게 외워야 한다' 등등 공부 요령을 이미 알고 있다. 어떻게 공부해야 하나 고민하지 않아도 되고 시행착오를 겪느라 시간을 낭비하지 않아도 되니, 쭉쭉

진도가 나갈 수밖에 없다. 책장이 술술 넘어간다.

자기 진단이 된 상태이기 때문이다

세월이 흐른 만큼 자신에 대해 잘 안다. 무슨 일을 잘하는지 못하는지 이미 파악이 되어 있다. 적성이나 잠재 능력, 강점 지능이 어느 분야에 있는지 그동안의 경험으로 잘 알고 있다.

자신을 잘 아는 만큼 무모한 일을 하느라 힘을 빼지도 않고, 시간을 낭비하지도 않는다. 공부하기 싫은 마음이 들어도 결국은 해낼 수 있을 것이라는 믿음과 자신감이 있기에 어떤 고난이나 스트레스도 거뜬히 이겨 낸다.

물질적·정서적으로 보다 많은 투자를 할 수 있기 때문이다

생활로, 업무로 바쁜 우리! 언제나 빠듯한 시간에 허덕인다. 게다가 공부할 시간까지 빼야 한다니! 하지만 누군들 바쁘지 않으랴! 공부가 전업인 학생들도 시험 준비에 정신없기는 마찬가지다.

우리가 말하는 여유는 절대적인 시간이 많다는 의미가 아니다. 목표 달성을 위한 상대적인 시간과 마음의 여유를 말한다.

학생들은 시험 시간을 자기가 정할 수 없다. 준비가 되든 말든 정해진 시간이 되면 시험을 치러야 한다. 반면 어른들은 시험 시간을 스스로 정할 수 있다. 충분한 시간을 갖고 자기 나름대로 공부해 나갈 마음의 여유, 이것이 우리가 가진 진정한 여유다.

게다가 우리에게는 돈에 여유가 있다. 부자라는 의미가 아니다. 직장인이라면 책 몇 권 살 돈, 학원 수강료 정도는 쓸 수 있다. 출퇴근길 녹음 강의를 듣기 위한 MP3 플레이어나 편리한 전자사전 정도는 구입할 수 있다. 시간 있고, 돈 있고. 공부에 관한 한 우리는 부자다.

성취감이 더 크기 때문이다

학생의 평가는 남이 한다. 열심히 했는데 성적이 안 나오면 선생이 얄밉다. 그만하면 됐다 싶어도 부모는 더 하라고 성화다. 그러니 학생들이 성적에 만족하고 성취감을 갖기란 쉬운 일이 아니다.

하지만 어른의 공부는 다르다. 남이 뭐라든 내가 만족하면 된다. 잘했느니 못했느니 시비 걸 사람도 없다. 내 의지로, 내 능력으로 최선을 다했으면 그걸로 만족이다. 토익 500점? 남들이 들으면 '겨우?' 할지도 모른다. 하지만 무슨 소리! 이건 내 의지로, 내 실력으로 달성한 것이다. 다음에는 더 잘해 낼 것이다. 절로 공부에 흥이 난다. 성취감을 맛보며 하는 공부, 매력적이지 않은가?

'이 나이에'라는 생각이 가장 위험하다

우리 사회의 법정 정년은 대개 50대다. 50대가 되면 자신을 이미 사회 퇴물이라 치부하고 배움과 성장을 포기하기도 한다. 하지만 천만에다.

중년에겐 '에이징 파워(Aging Power)'라는 자산이 있다. 나이 든다고 내리막은 아니다. 에이징 파워는 나이가 들수록 오히려 강해지는 역동적인 힘이다. 경험에서 우러나오는 원숙미, 폭넓은 인맥을 바탕으로 한 정보력, 축적된 경제력 등이 그 힘의 원천이다. 여기에 발전적인 미래에 대한 강한 의지만 더해진다면 이보다 더 강한 힘은 없다.

몇 가지만 구체적으로 따져 보자.

우선, 체력? 문제없다. 우리 인체는 일상생활의 예닐곱 배 부담쯤은 아무런 지장 없이 수행하게끔 여유 있게 만들어졌다. 물론 그럴 리는 없겠지만, 설령 체력이 반으로 떨어진다 해도 일상생활에는 아무런 지장이 없다. 63빌딩 빨리 오르기 시합만 아니라면.

일 처리 능력도 젊은 사람을 압도한다. 육체노동이 아닌 이상 일은 완력이나 근력보다는 근기가 한다. 근기라면 단연 나이 든 사람 아닌가.

기억력? 기우일 뿐이다. 나이 들수록 방금 전 일을 잠시 후 기억해 내는 능력은 다소 저하될 수 있지만, 그 역시 일상생활이나 업무 수행에 지장이 있을 정도는 아니다. 미국 캘리포니아의 소크의학연구소는 2000년, 72세 교수의 뇌에서 기억을 담당하는 해마의 신경 세포가 계속 생성된다는 놀라운 연구 결과를 발표했다. 머리는 쓸수록 좋아진다.

다음은 지능이다. 동작 능력, 수학 능력, 논리력 등은 젊은 시절에 비해 떨어져도 전반적 지능은 오히려 향상된다는 것이 모든 심리학자의 공통된 연구 결과다.

창의력을 걱정하는 사람도 있다. 하지만 이 역시 기우다. 창의력은 나이에 비례해 상승한다. 풍부한 경험과 지식은 창의적인 발상에 탄력을 더한다. 사물을 관조하는 능력, 인내심, 고독을 견디는 힘, 인격의 성숙도는 단연 젊은 사람을 압도한다. 이 모두가 창조력의 원천이다.

끝으로, 사회성과 영적 건강은 더 말할 필요도 없다.

결론은 분명하다. 나이가 한계일 수는 없다. '이 나이에' 하고 자신의 한계를 정하는 순간, 우리의 나머지 인생은 단지 죽음을 기다리는 대기 시간이 되고 만다.

공부할수록 젊어지는 뇌

이러한 부정적인 자기 최면은 실제 뇌 세포의 사멸 속도를 빨라지게 한다. 특히 전두엽의 위축은 눈에 띄게 현저해진다. 나이가 들수록 뇌의 다른 부위는 6% 정도 위축되지만, 전두엽은 관리를 잘하지 못하면 29%나 위축된다. 전두엽이 줄어들면 삶의 의욕이나 생기가 줄어들면서 희로애락의 감정마저 무뎌져 마치 식물인간처럼 퇴화한다. 그때부터 진짜 노인이 되는 것이다.

잊지 마라, 소크의학연구소의 발표. 나이와 상관없이 공부를 계속하면 해마의 신경 세포는 증식한다. 젊은이처럼 생기발랄한 삶을 누릴 수 있다. 고령에도 창의적인 공부로 세상을 놀라게 한 전설적 인물이 우리 주변엔 얼마든지 있다.

언젠가는 우리 사회에도 취업과 은퇴의 연령 제한이 없어지는 날이 올 것이다. 이미 선진국에서는 나이 제한 역시 차별이라며 엄격히 규제하고 있다. 이는 노인을 대접하는 차원이 아니다. 이제 고령자도 필수 노동력이요, 우수한 생산자라는 인식이 점점 더 커지고 있는 것이다.

이렇듯 우리가 가진 자산은 나이 들수록 불어 가는데, 자기 한계를 설정하다니! 천만의 말씀이다. 인생은 끝없이 성장해 가는 먼 여정이다. 노인을 위로하려는 말이 아니다. 과학적 근거에서 나온 결론이다.

딱 한 가지 걸림돌은 '이 나이에'라는 자기 한계 설정뿐이다.

그래, 공부다. 이제 우린 평생 해야만 하는 공부를 어떻게 해야 하는가를 진지하게 생각해 봐야 한다.

::나이와 상관없이 훈련에 따라 달라지는 통괄성 지능

통괄성(統括性) 지능은 현상을 파악하는 능력, 기획력, 의사 결정력, 관리 능력 등 많은 정보를 통합하고 통괄하는 능력이다. 따라서 통괄성 지능은 다른 지능과는 달리 40세를 지나면서 더 올라가는 사람이 있는가 하면, 내려가는 사람도 있다. 중년은 이 점을 특히 유념해야 한다.

▶**세 가지 지능의 퍼포먼스**
(Horn and Cattell, 1967)

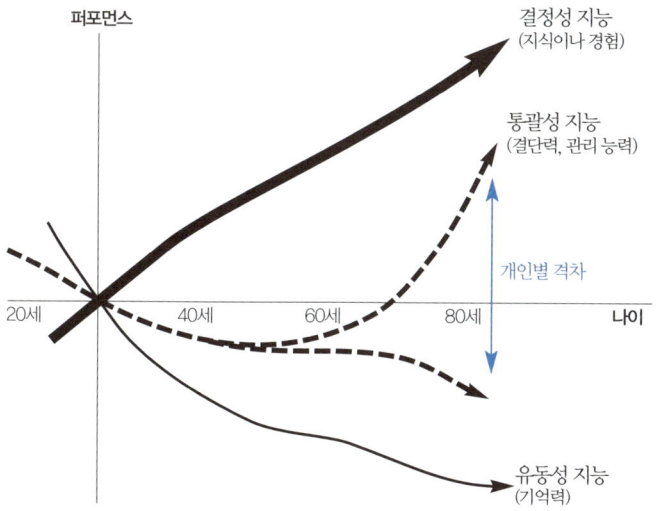

나이가 들면 유동성 지능이 떨어지는 대신 결정성 지능은 올라간다.
결정성 지능은 지식, 경험, 지혜가 쌓여 인생관이나 사회관 등 관(觀)을 만들어 내는 것이기 때문에 나이가 들수록 누구나 올라간다. 여기에 통괄성 지능을 합친 힘이 바로 나이의 공(功)이다.

이 두 가지 지능이 능력을 발휘하기 위해서는 **작업 기억**이 뒷받침되어야 한다. 기억은 과거의 일에 관한 것이지만, 작업 기억은 과거의 기억은 물론 현재의 정보를 조합하고 가공해 무언가 결과를 만들어 낸다. 따라서 결정성 지능 및 통괄성 지능과 작업 기억이 맞물려야 좋은 결과를 만들 수 있다.

이건 물론 나이가 들어야 가능한 일이다. 나이 들어 하는 공부가 훨씬 능률적이고 잘 되는 이유가 바로 여기에 있다.

➜ Keep in Mind

01 한 치 앞도 알 수 없는 현대 사회, 살아남으려면 공부가 필수
기업이 원하는 인재는 점수 높은 사람이 아니라 창조적인 사람
사회는 빠르게 변한다! 끊임없이 당신을 업그레이드하라

02 '진짜 공부'는 문제의 창조적 해결법을 배우는 일
문제 해결의 3단계 : 주인 되기 → 문제 발견 → 문제 해결
공부를 해야 구체적 해결 방법을 안다
얄팍한 이력서나 채우는 공부는 그만! 공부는 진짜 써먹을 수 있어야 한다

03 공부는 '저위험 고수익'의 확실한 투자처이자 젊음의 명약
저위험 : 종잣돈 No! 부작용 No! 필요한 것은 시간과 노력뿐
고수익 : 실력 향상, 성취감, 행복감,
두뇌 활성화 → 해마 신경 세포 증식 → 노화 예방

04 나이 든 후에는 오히려 공부가 잘된다
이미 자기 진단이 되어 있고, 과거의 공부 경험이 요령을 찾아 준다
절실한 만큼 몰입이 쉽고, 충분한 투자의 여유가 있다
공부 내용을 응용할 기회가 많고, 성취감이 크다

05 공부의 유일한 걸림돌은 자기 한계 설정뿐
머리는 나이와 상관없이 쓸수록 좋아진다
공부를 하면 할수록 해마 신경 세포가 늘어나 기억력이 좋아진다
정보를 통괄하는 통괄성 지능은 나이가 아니라 노력에 따라 달라진다

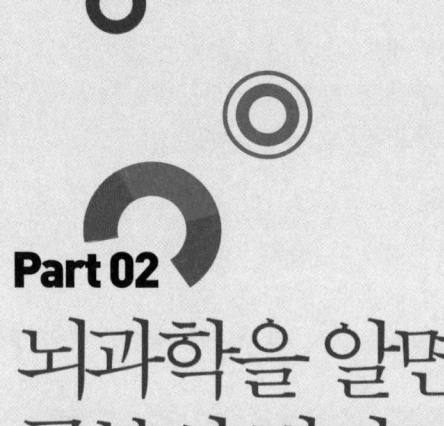

Part 02
뇌과학을 알면 공부의 길이 보인다

공부를 즐겁게, 성공적으로 하려면 뇌를 살살 달래야 한다.
어떻게 하면 뇌의 비위를 맞출 수 있을까? 뇌가 좋아하는 것을 찾아 그 일을 하면 된다.
뇌는 좋아하는 일을 하면 더욱 즐거워한다.
공부도 창조도 뇌를 알아야 잘할 수 있다.

공부는 머리로만 하는 게 아니다

공부는 무엇으로 하는가? '머리로 하는 것'이라고 대답할 사람이 많을 것이다. 하지만 머리 좋은 사람이 반드시 공부를 잘한다고 단언할 수는 없다. 물론 머리 좋은 사람이 더 잘할 수는 있다. 하지만 학습 능력과 머리 좋은 것은 딱히 관계가 없다.

일반적으로 머리가 좋다는 것은 기억력, 분석력, 추리력 등 대뇌의 기능 중 좌뇌가 좋은 경우를 말한다. 물론 기억력이 좋으면 습득한 정보와 지식을 암기하는 데 편리하다. 그러나 내 눈앞의 정보와 지식을 기억해 두는 게 좋은지 아닌지를 결정하는 능력, 그리고 기억된 정보를 어떤 상황에서 사용할 것인가를 생각하는 능력은 직관적 판단력, 즉 우뇌의 기능이다.

공부할 때는 우뇌의 기능이 생각보다 훨씬 많은 비중을 차지한다.

결국 공부의 성패를 좌우하는 것은 지능이 아니라 공부법의 효율성이다. 스포츠나 예술 분야에서는 특별한 재능을 타고난 사람이 유리하지만, 공부에서는 지능보다 후천적인 노력이 더 중요하다.

누구도 공부 안 할 핑계를 댈 수 없다는 게 뇌과학의 결론이다. 공부는 태어난 이상 죽을 때까지 해야 하는 일! 나이가 든다고 공부하는 데 지장을 줄 만큼의 체력 저하나 기억력 감퇴가 오는 것도 아니다. 오히려 나이 들어 공부할수록 뇌 기능이 향상된다. 그래도 빠져나갈 궁리를 할 것인가?

결론은 공부에는 특별한 재능이나 지능이 필요하지 않다는 것이다. 효율적인 방법만 안다면 누구나 할 수 있는 것이 공부다. 그런데도 시작하지 않는 것은 의지 부족 외에는 달리 이유가 없다.

니체는 14세 때 처음으로 자서전을 썼다고 한다. 그런데 그 제목이 거창하다. '나는 위대하다'. 어린 나이의 치기 혹은 과대망상이라 생각할 수도 있다. 하지만 그가 44세가 되어 본격적으로 쓴 자서전 제목도 '이 사람을 보라'. 역시 거창하다. 제목에서부터 '세계인이여, 이 천재를 주목하라'고 선언하고 있는 것이다. 목차를 훑어보면 더욱 놀랍다. '나는 왜 이렇게 현명한가', '나는 왜 이렇게 영리한가', '나는 왜 이렇게 책을 쓰나' 등 진심인지 망상인지, 겸손이라고는 찾아볼 수가 없다.

어쨌거나 그의 글에 대한 판단은 잠시 접어 두자. 중요한 것은 이런 강력한 자기 암시가 목표 달성의 원동력이 되었다는 점이다. 온 인류의 고민을 내 손으로 해결한다는 이런 자기 암시가 실존주의의

선구자, 니체를 만들어 낸 것이다.

공부할 때도 스스로를 믿어야 한다. 이 공부는 나만이 할 수 있는 일이며 내가 해야만 하는 일이라는 확신이 있을 때 동기 부여가 강해진다. 그런 확신을 가지려면 당사자 의식이 선행되어야 한다. 확고한 주인 의식을 가져야 한다. 가야 할 목표가 분명하면 길이 보인다. 문제는 의지다. 문제가 보여야 해결책을 연구하게 된다. 그리고 문제가 보이려면 '여기선 내가 주인'이라는 확실한 의식이 있어야 한다.

학창 시절엔 당장 눈앞의 공부만 보일 뿐 주인 의식은 없다. 이게 생기려면 연륜이 필요하다. 잊지 마라, 당신은 사회인이라는 사실을. 어른의 공부가 잘되는 이유는 당사자 의식이 확실히 서 있기 때문이다. 모든 성취는 마음먹기에 달렸다. 마음이 협조하지 않으면 아무리 머리가 용을 써도 소용이 없다. 공부를 즐길 수 있게 하는 가슴, 그리고 열정이 필요하다.

공부는 머리와 가슴, 엉덩이로 한다. 엉덩이가 진득하니 잘 참아줘야 잘할 수 있다. 공부는 양과의 싸움이기 때문이다. 어쨌거나 많이 해야 한다. 그러면 질이 따라온다. 운동선수도 수천 번 연습하며 자세를 만들어 간다. 많은 양의 연습이 좋은 자세를 만든다. 결국 양이 질을 변화시킨다.

공부도 마찬가지. 진득하게 앉아 많이 하는 것이 최고다. 특히 학교 공부는 양과 성적이 비례한다. 물론 그렇다고 무작정 엉덩이만 붙이고 있다고 해서 양질의 공부 효과를 얻을 수는 없다. 공부의 양

만큼이나 중요한 것이 바로 전략과 전술이다. 이는 앞으로 차근차근 살펴보기로 하자.

마지막 남은 것은 두 다리. 두 다리는 목표 설정을 도와준다. 자격증 취득이든 자기만족이든 공부를 시작할 때는 분명한 목표가 있어야 한다. 그리고 그 목표를 향한 정확한 노선을 찾는 게 두 다리의 역할이다. 책상 앞에 엉덩이만 붙이고 있을 게 아니라 현장으로 가야 한다. 그 목표를 이룬 사람을 직접 만나 경험담을 들어 보자. 인터넷이나 책에서 얻는 정보보다 훨씬 다양한, 살아 있는 이야기를 들을 수 있을 것이다.

공부할 때는 머리로 생각하고 가슴의 열정으로 그 목표를 꿈꾼다. 엉덩이를 진득하게 붙이고 앉아 공부량을 늘리고 두 다리로 성공으로 가는 가장 빠른 길을 찾는다. 공부는 온몸으로 하는 것이다.

뇌를 달래면 공부가 쉽다

공부를 하다 시간이 지나면 좀이 쑤시기 시작한다. 그래도 참고 하다 보면 나중엔 머리까지 지끈거린다. 공부를 하니 머리가 아프다? 그렇다면 우리 뇌가 공부를 싫어하는 것일까?

뇌과학의 결론은 노(No)! 오히려 뇌는 새로운 학습을 좋아한다. 뇌는 무슨 행동을 하든 기분이 좋아지면 도파민을 분비하고 그 일을 지속시키려 한다. 뇌는 좋은 것을 좋아하기 때문이다.

행동 → 보수 물질 → 반복 → 습관 → 숙달 → 향상 → 달성 → 칭찬

이것은 학습에서 대단히 중요한 뇌의 기전이다. 이러한 순환의 반복이 성공적인 공부의 지름길이다. 이 과정에서 우리 뇌에는 두 가

지 중요한 변화가 일어난다. 일단 도파민이 분비된다. 그다음, 신경 세포 연결망이 증식되고 새로운 회로가 형성된다.

멋진 영어 문장을 하나 외웠다. 뿌듯한 마음에 기분이 좋아지면서 도파민이 분비되고, 그 문장을 기억해 저장하기 위한 새로운 신경 회로가 생긴다. 그런 다음 비슷한 문장을 만나면 방금 만든 신경 회로가 활성화되어 이해하기 쉬워진다. 이게 뇌의 학습 원리다.

공부를 즐겁게, 성공적으로 하려면 뇌를 살살 달래야 한다. 어떻게 하면 뇌의 비위를 맞출 수 있을까? 뇌가 좋아하는 것을 찾아 그 일을 하면 된다. 뇌는 좋아하는 일을 하면 무척 즐거워한다.

따라서 공부도 창조도 뇌를 알아야 잘할 수 있다.

뇌는 1000억 개의 신경 세포(뉴런)로 형성되어 있다. 하나하나의 뉴런은 서로 밀접하게 연락망을 이루고 있으며, 이것이 컴퓨터 회로처럼 신경 회로를 형성해 상호 연결함으로써 뇌가 작동된다.

머리가 좋다는 건 회로가 많고 잘 돌아가는 상태를 말한다. 뉴런과 뉴런의 연결 접점을 시냅스라고 하는데, 약 1000조 개로 추산되고 있다. 즉 하나의 뉴런이 평균 1만 개의 다른 뉴런과 연결, 신경 회로를 형성하고 있는 것이다. 시냅스는 기막힌 정교함으로 기능하고 있는데, 인류가 발달하며 생존해 온 비결이 여기 있다. 왜냐하면 인간을 비롯한 동물의 모든 사고와 행동은 뉴런에 의해 지배되기 때문이다. 즉 신경 활동이 생명의 근원이다.

순간적 판단이나 순발력을 발휘할 수 있는 것도 시냅스에서의 정보 교환이 1000분의 1초도 안 되는 사이에 이루어지기 때문이다. 이게 느리면 생명이 위험한 순간에도 피할 수가 없다. 두 뉴런의 접점인 시냅스에서의 정보 교환을 매개하는 것이 신경 전달 물질인데, 이는 약 50종류로 알려져 있다.

중요한 것은 아세틸콜린과 글루타민산이지만, 실제 뇌과학 임상에선 부신 호르몬의 아드레날린계, 그리고 뇌 내 노르아드레날린, 도파민계, 세로토닌 등이 대표적이며 이들 모두가 기억과 밀접한 연관을 갖고 있다. 뇌를 살살 달래 가며 즐겁게 해 주어야 공부가 쉽다는 이론은 여기서 비롯된다.

::복잡하고 섬세한 기능을 가진 뇌

후두엽은 시각, 측두엽은 청각과 언어, 두정엽은 공간 감각과 언어, 그리고 전두엽은 추상적 사고, 계획, 기억 등의 고등 기능을 맡고 있다. 그리고 이들 각 부위에는 연합야(聯合野)가 있는데, 특수화되지 않는 기능 몇 개를 관련시켜 해석하고 판단하는 연합 기능을 맡고 있다.

각 연합야 역시 부위마다 기능이 다른데, 학교 공부는 주로 학습과 기억의 측두엽 그리고 지각, 인식 등의 두정엽으로 이루어진다. 이에 반해 전두엽은 사람을 사람답게 하는 최고 사령부, 창조성과 야심, 자기 현시욕, 전향적 자세, 희망, 선악의 판단 등 인간만이 할 수 있는 고차원의 기능을 담당한다.

▶대뇌피질의 기능 영역

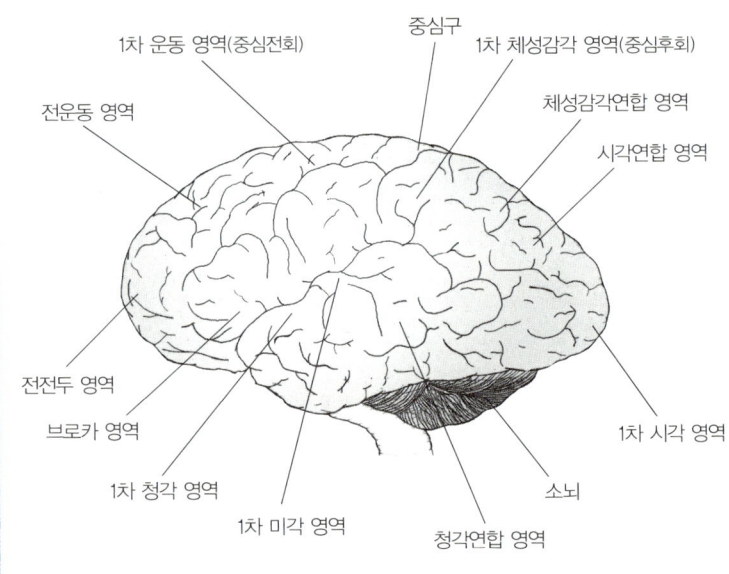

시작이 반!
두뇌 측좌핵의 작업흥분 과정

공부는 끈기와 참을성이 많은 사람이 잘한다. 이게 보통 사람들의 생각이다. 하지만 이건 착각이다. 물론 오래 앉아 버티면 공부 시간은 늘어난다. 그런데 효율은? 억지 공부는 효율이 떨어진다.

짧게는 30분에서 90분이지만 그나마도 교감 신경이 발동되면 대뇌 신피질의 기능이 급격히 저하된다. 그래도 어느 정도는 참고 공부하지만 사람인 이상 억지로 하는 데는 한계가 있다. 그것이 사람의 본능이며 생리다. 하루 이틀이야 의지만으로도 참고 하겠지만, 공부는 단기전으로 끝나는 게 아니다.

그래서 생긴 말이 작심삼일. 이건 속담이 아니라 과학이다. 이를 뇌과학적으로 증명해 주는 게 부신 피질의 방어 호르몬이다.

작심하면, 즉 의지를 다지면 부신 피질에서 방어 호르몬이 분비되어 어떤 스트레스도 이겨 내게 해 준다. 심신의 피곤을 덜어 주고, 하기 싫은 일도 얼마간은 참고 할 수 있도록 몸을 조절해 준다고 해서 방어 호르몬이다. 조물주는 인간에게 참 좋은 선물을 주셨다. 그런데 문제는 이 호르몬의 유효 기간이 겨우 72시간 남짓이라는 점이다. 사흘이 지나면 약발이 떨어져 더 이상 버티기가 힘들어진다. 결국 포기하게 된다.

그러니 싫은 공부도 의지만 있다면 끈기와 참을성으로 버티며 해낼 수 있으리라 생각하는 건 오산이다. 싫다는 생각이 드는데도 참고 하면 그 순간부터 공부가 안 된다. 힘들다는 생각에만 주의가 집중되기 때문이다. 이건 개인의 의지나 끈기와는 아무런 상관이 없다. 자기도 모르는 사이 호르몬의 분비와 뇌 시스템이 그렇게 바뀌는 것이다. 작심삼일! 우리 조상들은 참으로 위대한 생리학자이자 뇌과학자였다.

공부는 하기 싫은 게 당연하고 참을 수 있는 한계가 고작 사흘이라면, 억지로 참고 하는 것 말고 달리 방법이 없을까? 이게 문제의 핵심이다.

뇌과학적으로나 심리학적으로나 공부는 억지로 한다고 되는 일이 아니다. 그렇지만 포기할 수도 없는 일. 나이 들었다고 피해 갈 수도 없고, 아니 그럴수록 더 공부가 절실해진다. 이건 시대적 요구다. 방법은 공부에 정을 붙이고 그것을 즐겨야 한다는 것이다. 이게 공부의 왕도다.

공부를 즐기라고? 말은 쉽지만 실천 방안은? 별 도리 없다. 싫다고 피하지 말고 일단 시작하고 보는 거다. 여기서 참으로 작은 용기가 필요하다. 하긴 용기랄 것도 없지만, 이게 중요한 발판을 만들어 준다.

'공부를 하긴 해야겠는데…….'

이 생각이 들거든 지금 당장 시작해 보는 거다. 내일이나 다음 달, 혹은 학원 등록 이후로 미루지 말고 바로 지금 이 순간부터 하는 거다. 인터넷에서 관련 정보를 찾아 읽는 일이나 참고 도서를 사서 읽는 것이라도 좋다. 일단 시작하자.

아무리 싫은 일이라도 일단 시작하면 자연스레 그 일의 흐름을 타서 차츰 몰입하게 되고, 그러면 어느새 나도 모르게 좋아지게 된다. 남다른 의욕이 있어 시작하는 게 아니고 시작하면 의욕이 생기는 것이다. 이게 신기한 뇌의 기전이다. 일단 시작하면 다음은 절로 계속하게 되는 관성의 법칙, 그리고 작업흥분이 작동되기 때문이다.

잠자는 측좌핵을 깨우는 작업흥분 과정

뇌에는 좌우로 측좌핵이라는 신경군이 있다. 그리고 이곳에 의욕을 북돋워 주는 신경 세포가 있는데, 이 신경 세포가 활발히 움직일수록 의욕이 넘치게 된다.

문제는 이곳의 신경 세포가 평소엔 활발하지 않아서 스스로는 좀처럼 움직이지 않는다는 사실이다. 이를 활성화하기 위해서는 일단 무엇이든 시작해서 이걸 자극해야 한다. 그러면 측좌핵이 스스로 흥

▶측좌핵의 위치

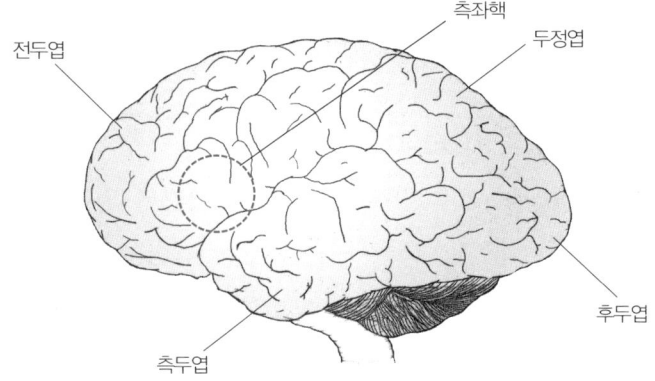

분해 세포를 더욱 활발히 움직이도록 하는데, 이런 현상을 작업흥분이라고 한다. 이는 심리학자 크레페링이 뇌과학적으로 증명한 사실이다.

'시작이 반'이라는 속담을 증명한 뇌과학적 근거가 바로 작업흥분 현상이다. 기력이 없어서 아무 일도 할 수 없다고 하지만, 실제로는 아무 일도 하지 않기 때문에 점점 더 무기력해지는 것이다.

공부를 해야겠다는 생각이 들면 일단 공부를 시작함으로써 뇌의 측좌핵을 깨울 수 있다. 싫다는 생각을 조금만 참고 일단 시작을 하고 보면, 신기하게도 공부는 절로 진행된다. 그리고 공부가 진행됨에 따라 측좌핵은 스스로 흥분한다.

믿기지 않겠지만 한번 해 보면 알게 될 것이다. 자기도 모르게 공부에 빠져들면서 몰입의 경지에 이르면, 이제 더 이상 공부는 하기 싫은 일이 아니라 즐거운 일이 된다.

뇌를 길들이려면 생각날 때 바로 시작해야

무엇을 해야 한다는 사실을 잘 알면서 왜 안 될까?

공부하는 습관은 왜 안 길러질까?

다 알면서 실행은 왜 안 되는 것일까?

겨우 시작했는데 왜 계속되지 않을까?

그 이유를 알려면 먼저 우리 뇌가 세 겹으로 이루어져 있다는 것을 이해해야 한다. 제1의 뇌라 불리는 대뇌 기저핵은 생명 중추다. 생명과 직결되는 기능(수면-각성, 체온, 호흡, 식욕, 성욕 등)에 관여하며 파충류를 포함한 모든 동물에 있다. 제2의 뇌라 불리는 대뇌 변연계는 감정의 편도체, 해마의 기억, 측좌핵의 의욕 중추 등 학습과 밀접한 연관을 갖고 있다. 모든 동물에게 있는 동물 뇌, 원시 뇌라 불린다. 제3의 뇌라 불리는 대뇌 신피질은 뇌의 가장 상층부에 위치하며 신포유류 뇌라 불리는데, 인간에게 특히 발달되어 있다. 인간 뇌라고도 불리는 이곳에서 창조가 진행된다. 이성, 지성뿐 아니라

▶세 겹으로 이루어진 뇌의 시스템

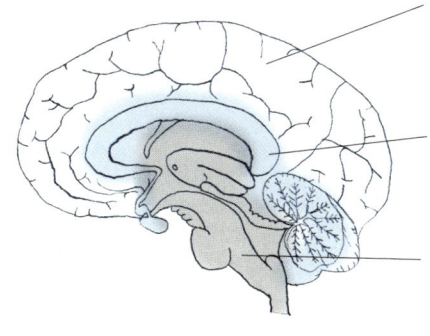

대뇌 신피질(신포유류 뇌)
인간적 : 창조(문명, 예술, 과학, 음악)

대뇌 변연계(구포유류 뇌)
감정적 : 위험 포착, 대비, 싸움-도주 반응

대뇌 기저핵(파충류 뇌)
생명 중추 : 수면-각성, 체온, 호흡, 식욕, 성욕

갈등, 행복 등 고등 감정을 조절한다.

안 하던 공부를 한다는 건 변화를 의미한다. 동물 뇌인 변연계는 변화를 싫어한다. 동물 세계는 언제나 똑같은 걸 습관대로 되풀이한다. 그래서 발전이 없다.

대뇌 신피질은 '공부해야 한다', '습관을 바꿔야 한다'고 독려하지만 동물적인 변연계가 반발한다. 새로운 변화는 언제나 두려움을 동반하기 때문이다. 싫은 공부를 하기 위해선 여기를 잘 달래야 한다. 거창한 공부 계획일수록 변연계의 두려움은 더 커진다. 고로 작은 계획으로 시작해야 변연계의 경보 발령을 막을 수 있다. 동물 뇌는 싫은 것에 반발한다. 공부도 싫은 것이라고 느끼면 당연히

▶전두엽과 편도체의 불안 공포 반응

〈평상시〉

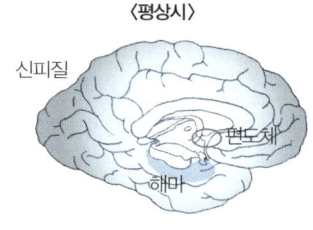

〈큰 계획〉
"이번 방학에는 영어 사전을 다 외우자!"

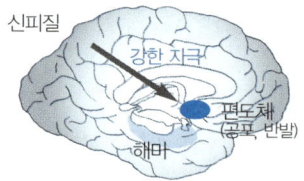

〈작은 계획〉
"오늘은 단어 20개만 외우자!"

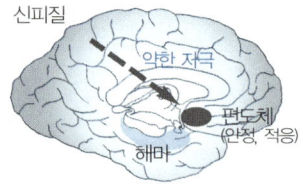

동물 뇌가 반발한다. 싫은 일을 해야 할 땐 변연계를 자극하면 안 된다. 아주 작은 계획이라고 변연계를 속여야 한다.

일단 변연계의 편도체에 경보가 울리면 비상사태에 들어가 교감신경이 활동하기 시작한다. 싸우거나 달아나야 할 위기 상황에서 공부가 될 리 없다. 이럴 땐 대뇌 신피질이 아무리 공부해야 한다고 우겨도 소용이 없다. 기능이 마비될 수도 있다. 공부가 될 리 없다.

공부해야겠다는 생각이 들었을 때 바로 시작하는 것도 같은 원리다. 할까 말까 망설이다 보면 예기 불안이 자꾸 증폭되어 끝내 책상으로 가게 되지 않는다. 싫다 좋다 생각할 겨를도 없이 바로 시작해야 변연계의 불안 공포 반응을 예방할 수 있다. 일단 시작하면 작업흥분이 배턴을 이어받아 계속하게 해 준다.

적군이 되는 호르몬 vs 아군이 되는 호르몬

공부는 온몸을 던진 한판 싸움이다. 공부할 때 우리의 정신력, 체력, 그리고 의지는 전장에 선 병사나 마찬가지.

어느 싸움이든 평화로울 수는 없다. 그리고 싸움에는 반드시 아군과 적군이 있게 마련이다. 우선 책상에 가는 것부터가 전쟁이다.

'갈까?'

'좀 더 놀면 안 될까?'

'에잇, 좀 쉬자!'

이런 갈등부터 전쟁의 시작이다. 겨우 마음을 달래 책상 앞에 앉아 숨을 고르고 조용히 공부를 시작한다. 그런데 이게 뭔가? 문득 조금 전 말다툼했던 녀석의 얼굴이 떠오른다. 화가 난다. 순간 숨어 있던 호전적이고 변덕스러운 아드레날린과 노르아드레날린이 발동, 잘 다져 놓은 공부 터전을 쑥대밭으로 만들어 버린다. 혈압이 오른다. 이를 갈고 호흡이 거칠어진다. 공부가 될 리 없다. 흔들린다. 적군의 침공으로 흥분하면 더 이상 공부에 집중할 수 없다.

'차분해야 하는데…….'

공부의 아군 세로토닌이 있긴 하지만 적군의 대공세에 맞서기엔 역부족! 응원군이 필요하다. 도파민이다. 그런데 이 역시 자칫 과잉 흥분을 초래할 수 있고, 워낙 쾌락을 추구하는 물질이라 공부의 적으로 변신할 수도 있다.

적군을 상대하고 응원군을 효과적으로 다루는 것은 결국 세로토닌.

이러한 정황을 잘 판단, 내 안의 적군과 아군의 세를 확인하고 아군의 활약을 돕는 것이 지휘관인 나의 몫이다. 나 자신도 몰랐던 내 안의 적군과 아군을 분석해 성공적인 공부 전략을 세워 보자.

적군 1 – 흥분의 호르몬, 아드레날린

부신 수질에서 분비되는 아드레날린은 교감 신경을 흥분시키고 혈당량을 증가시킨다. 심장 기능을 강화해 혈압을 오르게 하고, 기관지 확장과 지혈 작용을 통해 위급한 상황에 효과적으로 대처할 수 있게 한다.

그러나 아드레날린은 위기 상황 대처라는 긍정의 효과와 흥분이라는 부정의 효과를 함께 지닌 양면적인 호르몬이다.

횡단보도를 건너는데 차가 끼익, 급정거한다. 당신을 덮칠 수도 있는 상황. 위험을 감지한 몸은 긴급히 행동할 준비를 한다. 뇌는 부신에 위험을 알리고, 부신은 그에 대한 대응으로 혈류에 아드레날린을 방출한다. 이 호르몬은 뇌, 심장, 근육을 보강하기 위해 재빨리 혈액 공급을 촉진한다. 심장이 세차고 빠르게 뛴다. 호흡이 빨라지고 혈당이 증가하면서 신체에 최대의 에너지를 공급한다. 평소에는 둔하던 당신도 순간적인 힘을 얻어 재빨리 인도로 몸을 피한다. 생명을 구했다. 아드레날린의 힘으로.

하지만 지금은 조용히 공부를 해야 하는 상황! 긴급용 아드레날린은 방해물이다. 물론 적정한 긴장은 필요하지만 공부는 생명이 걸린 위급 상황은 아니다. 과도한 아드레날린은 공부 집중을 방해한다.
적정한 긴장의 호르몬. 하지만 지나치면 흥분의 호르몬으로 둔갑하는 것이 아드레날린이다. 이를 어떻게 조절하느냐에 따라 약도 되고 독도 된다. 게다가 아드레날린은 기능이 비슷한 노르아드레날린과 연합해 공부하려는 우리를 공격하곤 한다.
하지만 공부는 자기와의 싸움, 싸움에는 적절한 긴장이 필요하고 적정한 정도라면 아드레날린도 공부에 도움을 줄 수 있다.

적군 2 – 분노의 호르몬, 노르아드레날린

노르아드레날린은 아드레날린과 달리 뇌간에서 분비되는 호르몬으로, 심박 증가와 혈압 상승 등의 기능을 한다. 위급 상황에 대처하기 위해 분비되는 것은 아드레날린과 비슷하지만, 극도로 화가 날 때나 높은 긴장 상태에서 분비가 활발해진다는 점이 다르다.

동네 건달들이 한 여자를 괴롭히고 있다. 불의를 참지 못하는 당신은 순간 노르아드레날린 분비가 촉진되면서 슈퍼맨이 된다. 앞뒤 재지 않고 달려간다. 상황이 잘 정리된다면 다행이지만, 자칫 상당한 피해를 당할 수도 있다.

이것이 노르아드레날린의 맹점이다. 이게 과다하게 분비되면 이성의 자리를 분노에게 내주어 합리적인 대처를 못하게 한다. 화가 난다고 주먹으로 벽을 치거나 폭력적인 게임을 하다가 친구랑 심하게 다투는 등 감정 조절을 못하고 분노의 힘에 끌려가는 것도 노르아드레날린의 부정적인 작용 때문이다. 학자들은 현대 인류가 점점 폭력적으로 되어 가는 이유로 쉽게 자극되는 노르아드레날린의 분비와 이를 조절하는 세로토닌의 분비 감소를 꼽고 있다.

그런데 노르아드레날린의 부정적인 작용이 꼭 분노나 폭력의 형태로만 나타나는 것은 아니다. 일단 이게 분비되면 참을성이 없어지고, 하기 싫은 일은 더욱 하기 싫어진다. 공부하기 싫다는 생각을 하는 순간, 짜증이 나면서 이 호르몬의 분비로 공부가 더욱 싫어지는 것이다.

공부의 적, 노르아드레날린이 활개를 치기 시작하면 책에 눈길을 주는 것조차 싫어질 것이다. 공부하려고 하는 순간 나타나 방해하는 적군들, 조절할 방법이 없을까?

든든한 그러나 때론 위험한 응원군 - 경쾌한 각성, 도파민

도파민은 주로 A-10이라는 신경 섬유의 말단부에서 분비되는 쾌감 물질이다. 이 신경 전달 물질은 인간의 본능, 감정, 호르몬 및 운동 기능을 조절한다. 도파민이 부족하면 결단력이 없어지고 감정은 둔해진다. 극도로 부족하면 자기 몸을 가누기도 힘들어지고 파킨슨병을 유발한다.

대표적인 쾌락 물질 중 하나인 도파민은 새로운 것을 좋아하기 때문에 분비가 활발할 때는 집중력이 높아지며 탐구력과 창조성이 발휘되기도 한다. 도파민의 분비를 촉진하면 새로운 지식을 습득하는 데 탄력을 받을 수도 있다. 그런데 도파민은 양날의 칼과 같은 물질이어서 제대로 다루지 못하면 정신과 신체에 부정적으로 작용하기도 한다.

새로운 것도 언젠가는 익숙해지게 마련, 흥분과 쾌락을 추구하던 도파민은 무언가에 익숙해지는 순간부터 분비가 감소된다. 이때 도파민의 다량 분비에 익숙해 있던 뇌는 기분이 나빠지고 공허해지게 된다. 마약, 도박 등의 중독에서 벗어나지 못하는 뇌과학적 이유가 바로 이것이다. 익숙해진 것을 넘어 새로운 쾌감, 더 강한 자극을 찾다가 중독이 되는 것이다. 중독 증상이 심해지면 환각이나 정신 분열로 이어지기도 한다.

공부를 할 때 앉아서 하다 서서도 하고, 방 안을 돌아다니며 하거나 소리 내 읽다 쓰기도 하는 등 여러 방법을 사용하는 이유도 익숙해지면 감소하는 도파민의 분비를 적정선에서 유지하기 위해서다.

아군인 것 같으면서도 때로는 적군 같은 용병, 도파민 분비를 적정선에서 조절할 수만 있다면 효율적이고 즐겁게 공부할 수 있다. 새로운 지식을 얻게 될 때의 쾌감이 바로 도파민의 기능이요, 공부의 맛이다. 공부할 때 이보다 고마운 일이 어디 있겠는가. 문제는 도파민의 과욕을 막고 잘 조절하는 일. 과연 그 열쇠는 무엇일까?

공부를 잘하게 해 주는 아군 - 중용의 호르몬, 세로토닌

세로토닌은 정서적이거나 감정적인 행위, 수면이나 기억, 식욕 조절 등에 관여하며 인간의 몸과 정신에 생기와 활력을 불어넣어 주는 기능을 한다. 이 호르몬은 엔도르핀이 연출하는 순간의 환희나 격정적인 기쁨과는 달리, 온화한 행복을 느끼도록 유도한다. 세로토닌이 유발하는 감정은 축구 경기에서 한 골을 넣었을 때의 격정적인 환희보다는 햇살이 비치는 창가에 앉아 따뜻한 차 한 잔을 마시며 여유를 만끽할 때의 행복에 가깝다.

그래서 세로토닌을 행복 호르몬이라고도 한다. 이 호르몬이 부족하면 우울증에 걸리기 쉽고 자극이나 통증에 민감해진다. 우울증 환자에게 세로토닌을 증가시키는 약을 처방하는 것도 이 때문이다.

세로토닌의 또 다른 주요 기능은 조절 기능이다. 공격적인 아드레날린과 노르아드레날린, 중독성의 엔도르핀, 도파민 등 격정적인 호르몬의 과잉 분비를 조절해 마음을 차분하게 가라앉혀 준다. 세로토닌이 부족할 경우 쉽게 폭력적이 되거나 중독에 빠지게 된다.

▶ 노르아드레날린과 도파민의 폭주를 조절하는 세로토닌

노르아드레날린	세로토닌	도파민/엔도르핀
위기관리, 싸움-도주 반응	노르아드레날린과 도파민을 조절	흥분
교감 신경	부교감 신경	교감 신경 > 부교감 신경
분노	편안함, 생기	쾌감
폭력/파괴/스트레스 → 불안, 공황	우울	중독/의존증/정신 분열
각성, 화끈한(Hot)	각성, 차분한(Cool)	격정(Hot)
웅크림	편안함, 휴식	환호

격정적 호르몬은 과다 분비될 때 문제인 반면, 세로토닌은 적어서 문제다. 세로토닌은 예민한 신경 물질이어서 한 번에 소량만 방출되며 분비 시간도 아주 짧다. 채 30분이 안 되며 효과가 지속되는 것도 길어야 1시간 30분 정도다. 공부에 집중하는 시간을 30분으로 잘라야 하는 이유도 여기 있다.

그런데 불행히 현대인의 세로토닌 분비량은 점점 줄어드는 추세다. 현대 도시인, 특히 한국인의 과격성은 문제다. 걸핏하면 폭력을 행사하거나 온갖 중독에 시달린다. 이게 가장 심각한 한국인의 사회 정신 병리다. 한국인에게 공격적인 아드레날린이나 중독성의 도파민, 엔도르핀이 갑자기 불어난 것은 아니다. 이들의 폭주를 방지, 조절할 수 있는 세로토닌이 부족하기 때문이다.

공부도 마찬가지. 세로토닌이 부족하면 우선 공부할 의욕, 생기, 활력이 생기지 않는다. 공부를 하려고 해도 창조성, 주의 집중력, 기억력이 따라 주지 못한다.

　공부하는 데 최적의 뇌 컨디션을 만들어 주는 것도 세로토닌, 이른바 공부 호르몬이다. 따라서 공부를 위해서는 세로토닌 강화가 절체절명의 과제다.

　세로토닌은 생명 중추에 분포되어 있다. 생명을 유지하기 위한 리듬 운동, 즉 씹고, 걷고, 심호흡하고, 사랑하고, 군집할 때 분비된다. 그런데 불행히도 현대인에게는 이 모든 것이 부족하다. 세로토닌 결핍증에 빠져 있다. 이게 문제다. 그래서 공부도 잘 안 된다.

　자, 그렇다면 이 중요한 세로토닌 분비를 어떻게 촉진할 것이며, 그 기능을 어떻게 강화할 것인가? 해답은 간단하다. 인간의 생존을 위한 기본적 리듬 운동을 회복하는 것이다.

▶생명 중추에 분포되어 있는 세로토닌 신경

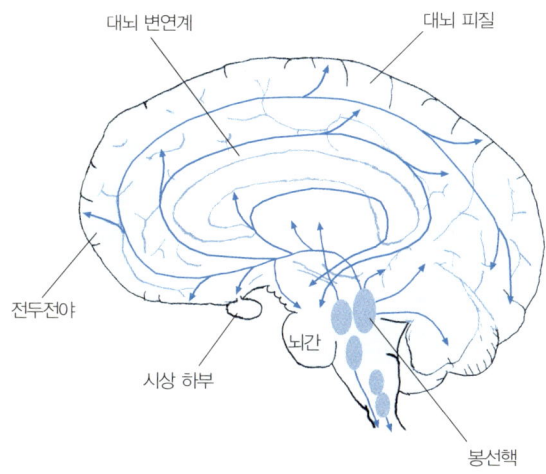

적을 알고 나를 알면 백전백승! 이제 우리는 공부할 때 방해되는 적군을 어떻게 조절해야 하는지를 알았다. 물론 싸워서 이기는 것보다 더 좋은 것은 아예 싸움을 피하는 일. 굳이 싸울 필요가 없도록 미리 적을 견제하고 방어하자.

공부할 때 아드레날린과 노르아드레날린이 습격하기 전에 세로토닌을 동원해 방어벽을 쌓고 도파민을 이용해 지식의 씨가 심어질 땅을 비옥하게 만들자. 공부의 적군과 아군, 모두 내 안에 있다. 이들을 효과적으로 조정하는 것, 공부의 땅에서 승리를 거두는 것, 모두 내 몫이다.

::세로토닌 분비를 늘리는 다섯 가지 방법

세로토닌 신경은 생존을 위한 기본적인 리듬 운동 영역에 있으며, 그 신경 가지는 온 뇌에 넓게 분포되어 있다. 이것만 봐도 세로토닌이 얼마나 중요한 기능을 하는지 알 수 있다.

좋은 음식 잘 씹어 먹기

현대인은 너무 많이 먹어 탈이다. 그런데 더 큰 문제는 제대로 씹지 않는다는 것이다. 우유, 크림, 아이스크림, 햄버거, 핫도그. 요새 많이 먹는 이런 음식은 너무 부드러워 씹을 것도 없다. 예전에는 하루 6000번 이상 씹었지만 지금은 200번이 고작이다. 세로토닌은 잘 씹어야 분비된다. 정 씹을 게 없으면 껌이라도 씹어야 정서적으로 안정된다. 미국 메이저 리그 야구 경기에서 긴장된 순간 껌을 씹는 선수들을 더러 보았을 것이다.

배 속까지 깊게 호흡하기

우리가 무의식중에 하는 호흡은 얕고 짧다. 이런 호흡은 세로토닌 분비와 아무 관련이 없다. 아랫배로 하는 깊은 호흡이라야 한다. 예전 길은 울퉁불퉁한 비탈이 많았다. 게다가 짐까지 졌으니 절로 심호흡이 되었다. 계단 공포증의 현대인! 세로토닌이 나올 턱이 없다.

차 없이 즐겁게 걷기

예전엔 하루 평균 24킬로미터는 걸었다. 생활 자체가 걷는 일이었다. 수렵과 채집을 위해 걷지 않으면 생존이 불가능했다. 따라서 걷는 일이 즐겁도록 유전자에 설계되어 있었다. 걷지 않으면 죽을 판인데, 그게 오늘날 우리처럼 그렇게 싫어지도록 되어 있을 리가 없다. 인간에게는 쾌락을 추구하는 본성이 있기 때문이다.

하지만 차(車)라는 마물(魔物)이 등장, 편하고 게을러지면서 한 블록도 걷지 않는다. 지금이라도 걷는 즐거움을 되찾아야 한다.

몸과 마음으로 사랑하기

이보다 더 좋은 게 또 있을까? 예전엔 가난해도 서로 정답게 지냈다. 그리고 달리 취미가 없던 세상이라 성이 즐거움의 큰 원천이었다.

하지만 요즘은 무한 경쟁의 시대. 온갖 스트레스에다 급하고 쫓기고 하는 통에 사랑 대신 미움. 성도 뒷전이 된 듯하다. 한국인의 성 만족도는 놀랍게도 남성 9%, 여성 7%. 세계 최하위다. 세계 평균은 60~70%. 2006년 세계비뇨기학회 공식 보고다.

이건 단순히 성의 문제만이 아니다. 지나친 경쟁에 시달리는 우리 사회의 어두운 단면을 보여 주는 것이다.

모이고 어울려 정답게 살기

예전에는 온 마을이 가족과 같았다. 한데 어울려 정답게 살았다. 인간에겐 식욕, 성욕 다음으로 군집 욕구가 있다. 군집 욕구가 충족되지 않으면 자살까지 한다. 자살이라는 최후의 선택을 하는 이유는 '이 세상에 나 혼자'라는 절박한 상황 때문이다.

불행히도 현대는 개인주의 사회로 치닫고 있다. 아이도 하나, 방은 독방. 프라이버시라는 명분으로 우린 점점 고립되어 가고 있다. 배려하고 나누는 정신도 고갈되어 가고 있다.

아! 하지만 좋은 사람들과 함께 있으면 얼마나 든든한가! 세로토닌이 펑펑 쏟아진다.

짧고 강하게!
30분간의 세로토닌 효과를 노려라

　머릿속이 이런저런 생각들로 복잡하거나, 아드레날린과 노르아드레날린이 분비되어 과잉 흥분하면 공부하기가 쉽지 않다. 집중도 안 되고 조바심만 난다. 공부가 싫어진다. 이럴 땐 책상 앞에 앉아 있어 봐야 소용이 없다.

　공부는 순간 집중이 핵심이다. 집중될 때까지만 하고 이게 흐트러져 노르아드레날린이 발동하기 전에 펜을 놓고 일어서야 한다. 물을 한 잔 마시거나 창문을 열고 바깥 공기를 쐬는 것도 좋다. 가벼운 스트레칭도 이 순간 도움이 된다. 세로토닌 분비를 촉진시키기 때문이다. 잠시 몸을 움직이는 것도 좋다.

　하지만 아예 공부를 덮어 버려선 안 된다. 아주 밖으로 나가지 말고 공부하던 곳 근처에서 맴돌아야 한다. 잠시 집중이 느슨해지더라도 머릿속엔 공부의 여운이 남아 있어야 한다. 어디로 움직이든, 어느 곳을 보든 잠재의식에서나마 공부에 대한 생각을 버리면 안 된다. 공부 탕에 아주 빠져 버려야 한다.

이런 방법을 정신의학에서는 홍수기법(Flood Technique)이라고 한다. 공포증 치료에 쓰이는 기법인데, 터널 공포증 환자를 데리고 의사가 함께 터널 속으로 들어간다. 환자는 공포에 질리겠지만 믿는 의사가 있기에 안심이다. 죽을 것만 같았는데 한 번 하고 나니 괜찮다. 숨이 막혀 죽기라도 할 것 같은 공포가 이런 방법으로 치료된다. 공포증 환자를 터널에 바로 들어가게 함으로써 '두려움의 홍수'에 빠뜨리는 요법이다. 피하기만 한다고 될 일이 아니다. 단계적으로 공포를 극복하는 기법도 있지만, 최근에는 이런 홍수기법을 추천하고 있다.

잠시 쉬는 순간에도 모든 생각이 공부에 푹 빠져 있어야 한다. 공부 홍수에 젖어 있어야 한다. 무슨 짓을 하든 지금 이 일이 공부에 도움이 될 것인가를 자문자답해야 한다. 잘 수도 있다. 하지만 이것도 다음의 공부를 잘하기 위해서라는 확실한 의식이 있어야 한다. 그래야 시간을 함부로 쓰지 않게 된다. 가령 노트 정리는 작업이지 공부가 아니다. 이를 혼동하면 안 된다. 책상에 붙어 앉아 있다고 다 공부가 아니다.

공부의 영향권 안에서 가볍게 움직이는 도중, 책상 위 펼쳐 놓은 책에서 선뜻 눈에 들어오는 단어가 있다. 이것이 다시 공부에 집중하는 계기를 만들어 준다. 마치 스위치를 온(On), 오프(Off) 하듯 긴장과 이완을 되풀이하는 것이다.

계속해서 집중하려고 노력하는 것보다 이렇게 집중력을 온, 오프 하는 방법이 더 효과적일 수 있다. 집중을 껐다 켰다 하면서 시간을 토막 내서 한 공부도 모아 보면 그 양이 제법 된다.

심리학에선 이러한 공부법을 단속력(斷續力)이라는 매력적인 이름으로 부르고 있다. '끊되 계속하는 힘'이라는 것이다.

책상 앞에서 단 30분을 버티든, 90분을 버티든 중요한 것은 집중이다. 오래 버틴다고 능사는 아니다. 집중력의 한계 시간을 역이용해 집중력의 밀도를 높이자.

집중이란 뇌의 다른 감각 기관이나 기능을 최대한 억제하고 공부에 필요한 부위만 활성화하는 상태를 말한다. 이럴 때 뇌에는 의욕 호르몬으로 알려진 갑상선 자극 호르몬이 분비되어 도파민계를 촉진하고 알파파와 베타파가 출현한다. 알파파는 편안한 마음으로 집중하고, 창조적으로 생각하며, 기억력이 향상되는 데 도움을 준다. 베타파는 적정한 긴장 상태로 일 처리를 잘하게 한다. 이렇게 이완과 긴장의 균형을 잘 잡아 최적의 공부 상태를 만들어 준다.

그러나 세로토닌의 효과가 지속되는 시간은 길어야 90분 남짓. 재미있는 영화도 90분을 넘기면 슬슬 집중이 흐트러진다. 아이들을 위한 애니메이션의 러닝타임이 짧은 것도 바로 이런 이유에서다.

이것이 인간 뇌의 생리적인 한계다. 이 한계를 극복하려고 해 봐야 소용없다. 억지로 책상 앞에 앉아 집중하려고 노력하면 할수록 부담과 스트레스만 가중되기 때문이다. 사람의 뇌는 하기 싫은 마음이 들면 노르아드레날린을 분비한다. 이 호르몬이 분비되면 공부는 끝장이란 건 이미 말했다. 짜증이 나고 공부하기 싫은 감정만 증폭된다.

1시간 30분은 공부하기에는 참 짧은 시간이다. 짧은 시간에 효율적으로 공부할 수밖에 없다. 그래서 필요한 것이 압축, 창조적인 압축 공부다.

압축 공부는 '짧은 시간에 많은 양의 정보를 습득' 하는 공부법. 시간은 짧은데 봐야 할 것은 많을 때 머리에는 약간의 부하가 걸린다. 하지만 오히려 이 상태가 뇌의 집중력을 높여 준다. 정신의학에선 이를 적정한 긴장(Optimum Tension)이라 부른다.

100미터 달리기 출발 직전, 심판이 '준비!' 라고 외친다. 적정한 긴장으로 출발을 잘할 수 있게 하기 위한 준비다. 선수들은 바짝 긴장해 '탕!' 소리와 함께 튀어 나간다. 공부할 때도 마찬가지. 이러한 적정한 긴장감이 주의 집중을 잘할 수 있게 도와준다. 압축 공부법의 기전은 바로 이것이다. 적정한 압축이 긴장과 주의 집중을 잘하게 해 준다.

순간의 아이디어가 세상의 역사를 바꾼 위대한 발견과 발명으로 이어졌다. 단 한 줄의 광고 카피가 소비자의 마음을 흔들어 놓고, 단 몇 초가 올림픽에서 메달 색깔을 바꾼다. 무슨 일이든 결정적인 것은 짧다. 생각도 마찬가지! 기발하고 획기적인 아이디어도 순간이다. 며칠, 아니 몇 달을 고민해 오던 문제가 풀리는 것도 순간이다. 성공하는 사람은 무슨 일이든 빨리 해치운다.

그 후에 오는 쾌감, 도취감, 달성감. 그 순간 뇌는 세로토닌으로 샤워한다. 물론 여기까지 이르는 과정에도 세로토닌의 활성화는 필수다. 위대한 창조를 낳기 위한 뇌의 적정한 흥분은 세로토닌의 참여 없이는 불가능하다.

문제는 세로토닌이 워낙 예민한 물질이라는 것. 지루한 생각이 들거나 짜증이 나는 순간 세로토닌의 기능은 즉시 중지되고 대신 아드레날린이 활동하기 시작한다. 이로써 창조적 과정은 끝장이다.

세로토닌이 가장 왕성하게 분비되는 시간은 20~30분. 우리가 기발한 아이디어를 생각해 내거나 창조적이고 이성적인 판단을 내릴 수 있도록 뇌가 움직여 주는 시간도 30분간이다. 이때 집중력은 최고조에 달한다.

뇌과학이 증명하는 승부의 30분, 우리는 이때를 노려야 한다. 기억해라. 창조적 사고는 30분 안에 끝내야 한다.

:: 필요한 정보를 제때 기억해 내는 두뇌 훈련 요령

문제가 생겼다. 이를 해결해야 한다. 이때 동원되는 게 **작업 기억**이다. 작업 기억은 뇌의 최고 사령탑, LPFC(Lateral Prefrontal Cortex)에서 이루어진다. 주어진 과제를 위해 필요한 장기 기억을 일시적으로 소집해 일을 시작한다. 과제를 조작, 조합, 관리하며 결론을 이끌어 낸다. 모든 인간 행동의 중심 작업이 여기서 이루어진다. 작업 기억을 효율적으로 활용하려면 뇌의 기능상 몇 가지 키가 있다.

1. 눈에 보이는 가까운 목표여야 한다. 작업 기억은 먼 목표를 위한 게 아니다.
2. 한 번에 한 가지를 해야 한다. 일점 돌파.
   다른 작업을 하면 소집된 정보를 해산시키고 새로 소집해야 하기 때문이다.
3. 1시간 안에 끝내야 한다. 작업 기억은 고도의 주의 집중을 요하기 때문이다.
4. 타임 프레셔(Time Pressure)를 걸어야 한다. 질질 끌면 작업 기억의 효율이 떨어진다.
5. 생각나면 바로 시작해야 한다.
   준비가 덜 되어도 일단 시작하면 필요한 정보가 계속 모인다.
6. 자주 하면 단련이 된다.
   이런 수칙에 따라 자주 해 보면 나중에는 별 어려움 없이 그렇게 된다.
7. 1시간이 길다면 30분으로 잘라라. 초집중을 위해서다.
   그리고 5분 휴식의 리듬이 효율적이다.
8. 바로 본론, 결론으로 들어가라. 서론이나 군더더기가 길면 사람들을 빨아들일 수 없다.

이럴 때는 세로토닌뿐만 아니라 도파민, 심지어 아드레날린도 적당한 긴장으로 작업 스피드를 올려 준다. 갑상선 자극 호르몬은 의욕을 북돋워 주고, 남성 호르몬인 테스토스테론은 무서운 집중력과 목표를 향해 가는 원동력을 제공해 준다. 여기에다 성장 호르몬까지 가세하면 뇌는 온통 작업흥분으로 심포닉 무드에 젖어 든다.
성공만이 아니다. 젊음과 건강의 비결이기도 하다.

뇌가 좋아하는 여섯 가지 자극

뇌는 새로운 변화를 좋아한다

우리는 뭔가 새로운 게 보이면 눈이 확 떠진다. 화단에서 막 꽃망울을 터뜨린 개나리, 쇼윈도 안의 새 구두, 막 개업한 술집의 간판에도 시선이 꽂힌다. 우리의 뇌가 새로운 것을 좋아하기 때문이다. 이것이 인간의 본능이다.

인간에게는 새로운 것을 학습해 즐거움을 얻으려는 본성이 있다. 뇌는 똑같은 일상의 반복에 싫증을 낸다. 뇌는 언제나 새로운 것, 신기한 것, 호기심에 대한 갈망이 크다. 세상 모든 일을 처음 경험하는 아이들은 호기심으로 눈을 반짝인다. 이것이 바로 인간 뇌의 본성이다.

그러나 동물은 그들의 습성 그대로, 유전자에 각인된 그대로 행동

한다. 그래서 동물의 세계에는 변화도 발전도 없고, 동시에 권태도 없다. 하지만 인간에게 새로운 변화는 생존 그 자체다. 변화가 없으면 식상하고 무료하다. 권태에 빠진다. 특히 변화가 빠른 현대인에게는 새로운 것에 대한 강박증이 있다.

그런데 인간 뇌의 불가사의는 새로운 변화를 좋아하면서도 한편으로는 이에 저항한다는 것이다. 뇌는 같은 것을 되풀이하려는 관성의 법칙이 작용하기 때문이다.

매일 다니던 출근길이 달라지면 가벼운 혼란이 온다. 이 혼란은 스트레스가 된다. 그래서 익숙한 길을 찾게 된다. 이게 습관이다. 정신 경제상 습관은 매우 경제적인 반응이다. 매일 아침 어느 길로 출근할까 고민한다면? 많은 정신적 에너지를 소비해야 한다. 습관대로 하면 안전하고 쉽다.

오래되어 익숙한 습관, 안전한 상황, 장소 등을 뇌과학에서는 안전기지(安全基地)라고 한다. 아이가 처음 제 발로 대문 밖을 나설 때는 자꾸 뒤를 돌아본다. 엄마가 거기서 나를 지켜보고 있는지 확인하기 위해서다. 어떤 위험이 생겨도 엄마가 나를 안전하게 지켜줄 것이라는 확신이 들 때 아이는 마음 놓고 새로운 일에 도전, 호기심과 탐구심을 충족시킬 수 있다. 이때 엄마나 집이 아이에겐 안전기지가 된다.

뇌는 이 안전기지가 흔들릴 정도의 변화가 오면 불안해진다. 따라서 지나치게 파격적인 변화도 아니고 무료한 반복도 아닌, 적정선에서의 변화와 안정의 균형이 필요하다.

뇌는 모험을 좋아한다

야구 경기에서 어느 한 팀이 압도적으로 우세하다면? 경기가 시시하고 재미없다. 어쩌면 우리 팀이 질 수도 있다는 약간의 불안감이 경기에 재미를 더해 준다. 이처럼 승부를 가늠하기 힘든 경기가 재미있듯 우리의 뇌도 불확실성을 좋아한다. 우리는 너무 뻔한 것에는 흥미를 일으키지 않는다. 이 역시 뇌의 불가해성이다. 안전과 반복을 원하면서도 감당할 수 있을 만큼의 불확실성을 좋아한다.

미개척지를 향한 처녀항해에 나선 선장, 무엇을 만날지 모르는 탐험가, 시험 비행 중인 파일럿, 이들의 목숨을 담보로 한 개척과 모험정신. 우리가 이 모두를 높이 평가하는 이유는 고도의 불확실을 감당할 수 있는 용기 때문이다. 물론 이 용기의 강도는 사람마다 다르다. 자신이 감당할 수 있는 확실과 불확실의 비율이 얼마인지는 성격, 경험, 환경에 따라 차이가 난다. 뇌의 도파민과도 밀접한 관련이 있다.

뇌과학에서는 첫 번째 펭귄(First Penguin) 이야기가 자주 등장한다. 펭귄은 물에 들어가야 먹이를 구할 수 있다. 하지만 물속에서는 바다표범 등 무서운 사냥꾼이 기다리고 있다. 펭귄 입장에선 주저할 수밖에 없다. 모두들 주춤거리고 있는데 한 마리가 뛰어든다. 이것이 첫 번째 펭귄이다. 불확실의 위험을 감수한 용감한 놈이다. 그제야 다른 펭귄도 따라 뛰어든다.

인간도 심각한 불확실의 세계에 살고 있다. 그렇다고 언제까지나 그 자리에서 머뭇거릴 순 없다. 언젠가는 결단을 내리고 행동해야 한다. 물론 이성적으로 상황을 판단한 후 합리적인 결정을 하겠지만, 여기엔 무엇보다 적당한 긴장과 불안이 개입될 수밖에 없다. 고맙게도 뇌가 적정한 범위에서의 불확실을 즐기고 있다는 사실은 큰 위안이다.

케임브리지 대 슐츠 박사가 재미있는 실험 결과를 보고했다. 원숭이에게 50% 확률로 주스를 주는 실험이었다. 나올지 안 나올지 모르는 주스를 기다리는 동안에도 원숭이의 뇌에서는 도파민이 분비되었다고 한다. 즉 불확실도 적정한 범위라면 그 자체가 즐거움이라는 것이 뇌과학의 결론이다.

이 원리를 공부에 응용해 보자는 거다. 너무 쉬운 문제는 재미가 없다. 그렇다고 너무 어려우면 아예 포기하게 된다. 적당히 어려운 문제, 잘 생각하면 풀릴 수도 있을 것 같은 문제를 찾아서 풀어 보자. 문제가 풀렸을 때의 기쁨은 그 과정이 힘들수록 증폭된다. 확실과 불확실의 아슬아슬한 균형이 공부를 재미있게 한다. 이것이 바로 공부의 요령이다.

뇌는 발전과 성장을 좋아한다

공부가 원래부터 좋다는 사람은 거의 없다. 앉아서 책을 보는 것보다 들로 산으로 돌아다니는 편이 훨씬 즐겁다. 이것은 인간의 당연한 본능이다. 하지만 한바탕 축제를 즐기고 나면 뒤끝이 허전하다. 이 역시 인간의 또 다른 본능이다. 놀이는 순간일 뿐 그 후의 발전이 없기 때문에 그다음의 무언가를 기대했던 뇌는 실망하고 후회한다. 뇌는 우리가 무슨 일을 하든 분명한 목표를 향해 나아가고 있다는 기분이 들 때 즐거워한다.

인간의 뇌는 많은 경험을 통해 얻은 판단력으로 어떤 일의 결과를 예측하고 그 결과를 기대한다. 일단 그 일에서 성공하면 뇌는 그때의 즐거움이나 감동을 잊지 않고 계속 재현하려 한다. 오늘날 문명이 여기까지 발전할 수 있었던 것도 인간의 뇌 속에 이런 고차원의 기능이 갖추어져 있기 때문이다. 지금보다 한 차원 높은 목표가 정해지고 그 목표를 향해 나아갈 때 뇌는 가벼운 흥분으로 들뜬다. 목표가 이루어질 때의 감동을 예측하기 때문이다.

등산할 때도 마찬가지. 정상이 가까워질수록 가슴이 벅차오른다. 정상에 올랐을 때의 그 감동과 희열을 알고 있기에 숨이 턱까지 차올라도 결국 이겨 낼 수 있다. 힘겨운 순간에도 머릿속에는 정상에서의 광경이 떠오른다. 발아래 절경, 시원한 바람! 생각만으로도 걸음에 힘이 실린다. 이 또한 뇌의 불가해성이다. 생각만으로도 마치 현실인 것처럼 착각하는 게 뇌다.

우리의 뇌는 성공 장면을 상상해 보는 것을 좋아한다. 이때 뇌의 모든 기능도 그 목표를 향해 움직인다. 상상만으로도 즐겁기 때문이다. 잠재의식까지 그 방향으로 움직인다. 나도 모르는 사이 내가 가진 잠재 능력까지 목표 방향으로 가는 데 동원된다. 따라서 중요한 것은 작은 것이라도 성공 경험을 쌓는 일이다. 그래야 뇌가 그 감동을 알고 다음 목표를 향해 밀고 나가는 힘이 되어 준다. 보다 큰 감동을 위해.

뇌는 시간제한을 좋아한다

　시험을 코앞에 두고 벼락치기 공부를 한다. 마음이 바쁘다. 책장을 넘기는 손도 허둥지둥. 미리 좀 해 둘걸, 때늦은 후회도 하지만 이런 상황은 늘 반복된다. 게으른 습관 탓일까? 아니다. 여기에는 뇌과학적 이유가 있다.

　뇌는 미리 여유 있게 준비해 두는 것을 반기지 않는다. 여유가 있으면 마음이 느슨해지고 정신 집중이 잘 안 된다. 의식(전두엽)은 미리 공부해 두자고 다짐하지만 잠재의식(변연계)이 반발한다.

　'아직 시간이 있는데 왜 그래?'

　'좀 더 놀다 하지?'

　잠재의식은 항상 쾌락을 추구하기 때문이다. 정신분석학에선 이를 쾌락원칙(Pleasure Principle)이라 부른다.

　무의식 세계의 이드(Id, 무의식적 자아)는 때와 장소를 가리지 않고 쾌락을 추구하며 고통은 피하려 한다. 이것이 인간의 원초적 본성이다. 그러나 의식 세계의 에고(Ego, 자아), 슈퍼에고(Superego, 사회적 자아)는 때와 장소에 따라 이드의 쾌락 본성을 억제하며 때론 싫어도 고통을 감수한다. 무의식의 본능과 의식적인 억제 사이의 갈등이 긴장을 만들고 불안을 몰고 온다.

　뇌과학적으로 이드는 동물 뇌의 변연계, 에고는 신피질, 슈퍼에고는 전두엽의 기능으로 대치 설명된다.

공부하는 데는 이 쾌락원칙이 문제를 일으킨다. 우선 재미있게 놀고 보자는 게 이드다. 이것이 잠재의식의 행동 원칙이다. 이 행동 원칙을 조절해야 하는데 물론 쉽지 않다. 의지와 상관없이 결국 쾌락원칙에 굴복하게 된다. 한쪽은 하자는데 한쪽은 싫다는 거다. 마음이 이렇게 분열이 되어서야 공부가 될 리 없다. 하지만 고맙게도 시험이 코앞으로 닥치면 놀고 있을 만큼 우리의 잠재의식이 대담하지 못하다.

'싫지만 어쩔 수 없지, 해 보자' 하며 비로소 의식과 잠재의식이 함께 움직인다. 이게 정신 통일이다. 이때는 무서울 정도로 집중력이 발휘된다. 다른 생각을 할 겨를이 없다는 것을 잠재의식도 알고 있기 때문이다. 이것이 벼락치기 공부가 효과적인 이유다.

효과적인 공부를 하는 데 시간의 압박은 참 유용한 무기이자, 전술이다. 인간은 가벼운 긴박감을 가질 때 느슨했던 신경 회로가 빨리 움직이기 시작한다. 위급 상황에 직면할 때 온몸이 빨리 대처하는 것처럼. 이때는 조용하던 신경 회로가 대처 방안을 준비해야 한다. 기존의 신경 회로를 강화하거나 새로운 신경 회로를 만든다.

시간의 압박을 견디는 것이 처음 얼마간 힘들 수 있지만 잠재의식은 잘 참아 준다. 고비를 몇 번 넘기다 보면 차츰 시간의 압박에 적응된다. 조깅을 하다가 처음 힘든 고비를 넘긴 후의 편안함과 같다. 운동생리학에서는 이를 '러너스 하이(Runner's High)'라고 부른다.

순간의 힘든 고비를 잘 넘기고 나면 쾌감 물질인 도파민이 분비된다. 다음부턴 뛰기가 한결 편하다. 이 쾌감을 못 잊어 조깅 중독에 빠지는 사람도 있다. 안 달리고는 못 배기는 조깅 중독처럼 공부도 끊을 수 없는 순간이 온다.

일단 공부를 시작하면 차츰 진도에 탄력이 붙고 공부가 쉬워진다. 처음에는 싫었지만 참고 하다 보니 차츰 반감이 줄어들고 공부에 빠져들게 된다. 뇌 회전에도 가속이 붙는다. 이 상태를 '싱커스 하이(Thinker's High)'라고 부르는데, 일단 이 상태까지 오면 공부하는 게 고통스럽기는커녕 오히려 편안하다. 그만큼 집중력도 강해진다. 거의 공부 중독 상태가 된다.

이젠 공부하지 않고는 못 배긴다. 계속 공부한다. 며칠을 강행군이다. 그러다 보면 한계에 이른다. 신체적으로나 정신적으로 그로기 상태가 된다. 이것을 심리학에서는 위험 영역(Red Zone)이라고 한다. 물론 말이 위험이지 문제 될 건 없다.

공부하는 중에 한 번쯤 이런 경지를 경험해 보는 것도 좋다. 한계점까지 밀고 가면 그땐 신기하게도 우리 뇌에 자연 진통제인 세로토닌과 엔도르핀이 분비되어 진짜 기분이 통쾌해진다. 아주 붕 뜬 느낌이다. 그러곤 드디어 해냈다는 성취감과 통쾌함, 자신감이 뒤따른다. 이 단계가 쾌락 영역(Pleasure Zone)이다. 이건 미치도록 공부해 본 사람만이 맛볼 수 있는 축복이자 지고의 행복이다. 일단 경험해서 이 맛을 알게 되면 무슨 일이든 해낼 수 있을 것 같은 자신감과 자부심이 넘쳐난다.

나는 원고를 쓸 때마다 비슷한 상황을 반복한다. 시간 여유가 있을 때는 딱히 좋은 생각이나 영감이 떠오르지 않다가 마감을 앞두게 되면 작업에 가속이 붙는다. 더 미룰 수 없다는 긴박감이 머리에 박차를 가한다. 일단 생각이 상승 기류를 타면 구상 단계에서는 없던 새로운 아이디어가 막 쏟아져 나온다. 긴박감은 대뇌에 축복을 내린다. 새로운 생각과 쾌락 물질이 마구 솟으니 일이든 공부든 절로 즐거워진다.

뇌는 지적 쾌감을 좋아한다

원시인들이 처음 낚시로 고기를 낚았을 때의 그 통쾌한 기분을 상상해 보자. 짜릿한 손의 진동, 팔의 흔들림, 아! 순간의 희열이라니!

낚시는 낚시터를 잡는 일부터 기온, 물살의 흐름, 물고기의 습성과 좋아하는 미끼, 입질에서 느껴지는 긴장, 그리고 낚아채야 하는 순간 동작까지, 이 모두를 고려해야 하는 고도의 지적 활동이다. 지적 활동은 쾌락을 몰고 오며, 쾌감은 생명 유지와 밀접한 관련이 있다. 도파민, 세로토닌 모두가 생명과 직결된 뇌간에서 집중적으로 분비되는 것을 보면 알 수 있다.

얼핏 지적 활동은 고차원적인 지성과 이성을 다스리는 신피질의 정신 활동이라고 생각할 수도 있다. 하지만 지적 활동은 인간의 생명 중추와도 직결되어 있다. 물고기를 낚기까지의 긴장, 초조, 그리고 낚은 물고기를 손으로 잡았을 때 강력한 통쾌감이 동반되는 것도 이게 생명과 직결되는 활동이기 때문이다. 낚시를 하면서 기분이 좋은 것은 인간의 변연계 정동(邊緣系 情動) 시스템과 밀접한 연관이 있다. 변연계는 앞에서 언급했듯이 대뇌 신피질 바로 아래에 있는 원시적인 뇌로서 일명 동물 뇌라고 부른다.

여기는 생명과 직결되는 활동을 관장하는 부위로 식욕, 성욕 등 인간의 본능적 행동의 사령부다. 동물이 먹이를 구하면 기분 좋아하는 것처럼 인간도 본능적 욕구가 충족될 때 변연계가 만족한다. 지금도 낚시할 때 기분이 좋은 것은 변연계의 편도체(원시 감정의 중추)가 만족하는 원초적 경험 때문이다. 인간은 신피질을 사용해 끝없이 연구하고 공부했다. 그 결과 낚시에 성공할 수 있었다. 먹이를 구해 배를 불렀다. 결국 지적 활동으로 인간의 동물적이고 원초적인 변연계를 만족시킨 것이다.

뇌과학에서는 이를 변연계 공명(Limbic Resonance)이라 부른다. 인간이 흙 위에 풀썩 주저앉을 때의 편안함, 낚시로 고기를 잡을 때 느끼는 형언할 수 없는 희열, 이것이 변연계의 공명이다. 이 순간의 감정은 인간의 신피질과는 관계없는 아주 원시적 차원에서의 동물적 만족감이다. 낚시는 인간의 근원적인, 원시적 체험과 공명하기 때문이다. 고기를 기다릴 때의 초조함이 고기를 낚는 순간, 쾌감으로 바뀐다. 이런 극적인 변화는 뇌 속에서 순간적으로 일어난다. 0.1초도 안 되는 사이 신경 전달 물질의 종류와 양이 바뀐다. 즉 초조한 아드레날린에서 상쾌한 도파민으로 분비 물질이 바뀌는 것이다.

낚시만이 아니다. 인간의 모든 지적 활동이 즐거울 수 있는 것도 이러한 활동이 변연계의 '편도체-해마'를 자극해 쾌감 물질을 분비하기 때문이다. 수수께끼나 퍼즐을 풀 때 혹은 모르는 것을 알게 되는 순간, 사람들은 '아!' 하면서 무릎을 친다. 지적 활동의 개가다. 뇌과학에서는 이를 아하(Aha)! 체험이라고 한다. 기발한 아이디어가 떠오르는 발상의 순간, 문제가 해결되는 환희의 순간, 우리 머릿속에서는 섬광처럼 빛이 번쩍 난다. 세로토닌과 엔도르핀이 펑펑 쏟아지며 지적 쾌감을 느낀다.

나이 들어도 늙지 않는 비결은 주름 걱정 대신 뇌의 청춘을 유지하기 위해 노력하는 일이다. 지적 쾌감, 이게 뇌의 강력한 젊음의 비결이다. 지적 쾌락을 느낄 때 뇌도 젊어지고 공부는 정녕 즐거운 것이 된다.

뇌는 플로의 경지에 빠져드는 것을 좋아한다

삶도 그래야 하지만 공부 역시 치열하게 해야 한다. 치열하게 하면 자연히 그 일에 몰두하게 된다.

완전히 공부에 빠져들어 있었다. 문득 밖을 보니 벌써 깜깜하다. 그제야 으스스 춥기도 하고 목도 마르고 시장기도 든다. 주위를 둘러보니 모두 귀가, 나 혼자 동그마니 남아 있다. 가방을 챙겨 밖으로 나오니 하늘엔 별이 총총. 싸늘한 밤바람이 뺨을 스치고 지나간다. 아, 이 상쾌한 기분이라니!

우리는 시간 가는 줄도 모를 만큼 집중했던 일을 마쳤을 때, 참으로 묘한 쾌감을 맛본다. 심리학에선 이런 순간의 기분을 '플로(Flow)'라 부른다. 플로는 원래 '흐름'이라는 뜻이지만 심리학에서는 '시간의 흐름도 잊을 만큼 몰입한다'는 의미로 쓰인다. 또 이렇게 몰입해 있는 동안 아이디어가 샘솟듯 흘러나온다는 의미도 있다. 전문 학술어는 아니지만 창조성 심리에서 자주 쓰이는 말이다. 우리말로 하자면 몰아, 무아 또는 삼매경이라고 할 수 있다.

이러한 심리 상태에 들기 위해서는 몇 가지 조건이 있다.

첫째, 그 시간에 하고 있는 일이 건설적이어야 한다. 유흥에 빠져 날을 샌다고 플로의 경지에 들지는 않는다. 시간 가는 줄 모르고 재미있긴 하겠지만 끝난 후의 느낌이 전혀 다르다. 허전하다.

둘째, 저 멀리 높은 목표에 한 걸음씩 다가서고 있는 일이어야 한다. 비록 작은 보폭이라도 지금 나는 목표를 향해 가고 있다는 의식과 함께 얼마만큼 전진했다는 자기 평가가 수반되어야 한다. 다만 누가 시켜서 하는 일이면 반발심이 발동, 플로의 경지에 빠져들기가 쉽지 않다. 스스로 목표를 정하고 본인의 의지로 해야 한다.

셋째, 상당 시간 동안 몰입한 상태로 있어야 한다. 잠깐의 집중으로는 플로의 경지에 이르지 못한다. 내 경험에 비추어 본다면 최소한 3~4시간은 집중하고 몰입해야 한다.

끝으로, 완전한 몰입이어야 한다. 이것이 제일 중요하다. 공부와 내가 완전히 하나가 되면 나의 존재감마저 잊게 된다. 책을 손에서 놓을 수가 없다. 때로는 주체할 수 없을 정도로 아이디어가 계속 떠올라 문제도 쉽게 풀리고 모든 게 척척이다.

플로의 경지로 들어서면 주위의 방해도 의식하지 못한다. 일을 마친 후의 기분은 범상의 느낌과는 전혀 차원이 다르다. 성적인 오르가슴만큼이나 강력한 쾌감이다. 도파민, 세로토닌 분비만으로는 설명하기 어려운 신비스런 느낌마저 든다. 득도한 도인의 기분일지도 모르겠다. 목표에 한 걸음씩 다가가고 있다는 성취감과 함께 기대감, 자신감을 갖는다. 이것이 플로가 주는 축복이요, 즐거운 공부의 비결이다.

공부 잘하는 사람들의
다섯 가지 습관

현명한 투자를 위해서는 성공한 투자자의 자산 운용 방식을 따라 하거나, 손해 본 사람들의 실패 요인을 분석해 이를 피해야 한다. 이게 무난한 방법이다.

공부도 마찬가지. 벤치마킹이 필요하다. 공부 잘하는 사람과 못하는 사람의 특징을 파악해 나는 어떤 것을 취하고, 어떤 것을 버려야 할지 계산해 본다면 자신에게 맞는 공부 요령을 터득할 수 있다.

창조적으로 공부하는 사람들의 다섯 가지 습관을 살펴보자.

플래너의 자질이 있다

명문대에 합격한 학생들의 공통적인 특징부터 살펴보자. 이들은 실천 가능한 장단기 학습 계획을 먼저 세운다. 읽을 책을 미리 정하고 습득해야 할 정보를 정리한 다음, 언제까지 어느 정도의 학습을 해야 하는지 계획한다. 그리고 계획대로 실천한다.

반면 공부를 못하는 학생들은 계획을 세우지 않거나 계획만 세우다 끝난다. 어느 한 부분을 이해하느라 많은 시간을 보낸 나머지 시간에 쫓겨 다른 건 미처 보지도 못하고 시험을 보는 경우가 생긴다. 또는 마음 편히 놀다가 시험을 코앞에 두고서야 무리한 계획을 짠다. 짧은 시간에 너무 많은 내용을 보려다 끝내는 양에 질려 아예 포기해 버린다. 이런 상황이 반복되다 보니 항상 시간이 부족하다고 불평이다.

공부를 시작하기 전, 시간 분배와 학습 진도를 구체적으로 설정하자. 잘 짜인 계획은 시간에 쫓겨 포기하지 않고 착실하게 공부하는 데 도움이 된다.

실패를 가장 큰 공부로 삼는다

누구도 100% 정답을 써낼 순 없다. 그래서 실망하게 된다. 그러나 공부 잘하는 사람은 실패에 좌절하는 대신 실패 요인을 분석하고 다음번에 똑같은 실수를 반복하지 않도록 대비한다.

반면 공부를 못하는 사람은 답이 틀렸을 때 '난 안 돼'라고 자책부터 한다. 실수의 원인을 분석하는 것보다 좌절이 먼저다. 또 어떤 사람은 시험이 끝나면 그뿐, 시험지를 다시 들춰 보지 않는다. 어떤 문제가 틀렸는지, 왜 틀렸는지, 정답은 어떻게 찾아낼 수 있는지 고민하지 않으면 똑같은 실수를 반복할 수밖에 없다.

실패의 요인을 찾아내야 한다. 실수를 피하는 방법을 깨닫게 하는 것, 실패가 때로는 가장 큰 공부가 된다.

끊임없이 '왜?'라고 질문한다

공부 잘하는 사람은 책을 보거나 강의를 들으면서 고개를 끄덕이기 전에 갸우뚱한다. '아! 그렇구나' 하기 전에 '왜?'라는 질문을 먼저 던지는 것이다.

그러나 공부를 못하는 사람은 질문이 없다. 아는 게 없으니 궁금한 것도 없다. 모르는 게 부끄러워 질문하기를 주저하기도 한다.

공부는 모르는 것을 알아 가는 과정이다. 모르는 게 왜 부끄러워? 조금이라도 의심되는 부분이 있으면 그 분야의 전문가를 찾아 물어라. 요즘은 인터넷이나 전화로 질문할 수 있는 창구가 많다. 모르는 것은 그냥 넘어가지 말고 질문해서 답을 찾아내자. 그게 공부다. 이해의 시작은 '아!'가 아니라 '왜?'라는 것을 명심하자.

메모와 분류에 남다른 재능이 있다

다산 정약용 선생은 책을 읽을 때 옆에 항상 필기도구를 두었다고 한다. 여행을 할 때도 만난 사람, 지명 등을 꼼꼼히 메모했다. 그러

곧 언제든지 찾아보기 쉽도록 분류하고 정리했다. 정돈된 메모는 새로운 작업에 들어갈 때 뼈대를 세우는 데 긴요하게 이용되었다. 선생은 이러한 메모법으로 유배 생활 18년 동안 무려 500여 권의 책을 펴냈다.

  메모와 필기쯤은 누구든 할 수 있다. 중요한 것은 그 메모를 활용할 수 있도록 정리하는 일이다.

  공부를 못하는 사람은 자신의 머리를 과신한다. 적어 두지 않는다. 필요한 순간에 기억나겠지 하지만, 시간이 흐르면 무슨 생각을 했는지 깜깜이다. 어떤 사람은 생각 없이 메모만 한다. 정리하지 않고 여기저기 산발적으로 흩어 놓은 메모는 무용지물이다. 정작 필요한 순간, 어디에 적어 놨는지 찾지 못해 허둥지둥한다.

  남의 이야기든, 내 아이디어든 메모하고 정리하는 습관을 들여야 한다. 적고 분류하다 보면 자연스레 복습도 된다. 때로는 노트를 따로 찾을 필요도 없이 필요한 정보가 금방 떠오르기도 한다. 짧은 메모의 힘은 생각보다 강하다.

책상과 책장도 잘 정리되어 있다

  공부 잘하는 사람의 책장은 언제든 다시 꺼내 볼 수 있도록 일목요연하게 잘 정리되어 있다. 물론 책상 위도 항상 깔끔하다.

  반면 공부 못하는 사람은 모처럼 공부하려고 앉으면 책상 정리부터 해야 한다. 너저분한 책상이 거슬리는 것이다. 그때라도 정리하고 시작한다면 그나마 다행. 책상 위 물건을 한쪽으로 밀쳐 버리고 그냥 시작한다. 공부하려다 보면 잡다한 물건이 집중을 방해한다. 공부가 될 리 없다. 점점 주의가 산만해지고 진도는 안 나가고 결국 포기!

평소에 책상만큼은 깔끔하게 정리해 두자.

➜ Keep in Mind

01 공부, 머리만 쓰지 말고 온몸으로 하라
머리 : 좌뇌(기억력, 분석력, 추리력 등) + 우뇌(이미지력, 직관력 등)
가슴 : 당사자 의식, 목표 설정, 인내와 의지력
팔다리 : 지식과 정보를 적극적으로 탐사, 현장에서 응용
온몸을 이용해 공부하면 복합적 자극이 일어나 뇌 회로가 활성화된다

02 하기 싫은 공부, 참고 견디는 게 능사가 아니다
뇌의 특성을 이해하면 공부를 즐겁게 할 수 있다
부신 피질의 방어 호르몬 : 72시간 지속, 하기 싫은 일도 3일은 견디게 해 준다
작업흥분 과정 : 일단 착수하면 뇌는 가벼운 흥분 상태에 돌입, 집중력이 생긴다
뇌가 좋아하는 여섯 가지 자극 :
변화, 모험, 발전과 성장, 시간 제한, 지적 쾌감, 플로의 경지

03 행복의 호르몬 세로토닌을 이용하면 공부가 즐겁다
세로토닌 분비 → 노르아드레날린과 엔도르핀 조절 → 안정·행복 → 집중력 향상
집중력의 승부는 30분 안에! 세로토닌 분비는 30분까지가 최고조
세로토닌 분비를 늘리려면 :
잘 씹고, 심호흡하고, 걷고 달리고, 사랑하고, 모여 살고

04 공부 잘하는 사람들의 다섯 가지 공통 습관
플래너의 자질이 있다
실패를 가장 큰 공부로 삼는다
끊임없이 '왜?'라고 질문한다
메모와 분류에 남다른 재능이 있다
책상과 책장이 잘 정리되어 있다

Part 03
공부 능력 두 배로 키우는 잠재의식 활용법

골똘히 생각해도 도무지 떠오르지 않던 문제 해결책이 아침잠이 채 깨기도 전에
번쩍 떠오른다. 깜짝 놀란다. 하지만 잠이나 꿈에 낮 동안의 잡다한 사건들을
정리, 요약, 기억하는 기능이 있다는 걸 생각하면 이상한 일도 아니다.
이게 잠재의식의 작용이다.

모든 행동은 잠재의식의 영향을 받는다

지금까지 뇌 속에서 일어나는 현상을 이야기했지만, 이 모든 게 의식적으로 되는 일은 아니다. 내가 어떤 마음을 먹느냐에 따라 거의 자동적으로 잠재의식 속에서 진행되는 일이다.

여기서 잠재의식, 무의식에 대한 논의를 좀 더 깊이 다루지 않으면 안 될 것 같다. 일반 독자들에겐 그 개념이 선뜻 들어오지 않을 것이기 때문이다.

친구를 만나기로 한 카페를 찾는다.

겨우 찾았다. 자동문이다. 문에 손을 안 대고 잠시 기다린다.

안으로 들어선다.

분위기가 아담하고 조용하다. 친구를 찾느라 돌아본다. 손님들이 드문드문 앉아 있다. 혼자 있는 사람을 찾아야 한다.

'야! 저기?'

그런데 여자다. 아직 안 왔다. 내가 먼저 자리를 잡고 기다려야겠다.

'어디에 앉을까?'

이쪽엔 담배 냄새……. 저쪽 창가로 가야겠다. 그래도 냄새가 나면 창을 열자. 친구가 찾기 쉽게 문 쪽으로 앉아야겠지. 신문을 달라고 하자. 스탠드가 밝아야 할 텐데…….

여기까지가 대개 내 의식선상에 떠오른 일들이다. 채 1분도 안 걸렸다. 하지만 생각해 보자. 내가 알고 있는 게 이것뿐인가? 지금까지 익혀 온 기억, 지식, 정보 등 수많은 것이 지금 이 순간 내 머리 어디에 있을까?

보이지 않게 생각을 조종하는 잠재의식

학창 시절 배운 기하 공식이며 〈독립선언문〉은 왜 이때 기억이 안 날까? 친구와 소풍 간 일도 전혀 내 의식선상에 떠오르지 않았다. 바람에 도시락이 날아간 일, 버스를 놓쳐 걸어온 일……. 이 많은 사건은 카페에 들어서서 자리를 잡을 때까지 전혀 의식선상에 떠오르지 않았다.

떠오르는 건 겨우 몇 가지일 뿐 나머지 내 인생 기억은 전부 물 밑에 가라앉아 있다. 어디로 갔을까? 사라진 걸까?

뇌 안의, 그러나 의식 밖의 어디엔가 있을 것이다. 그것을 학술적으로 잠재의식이라 부른다. 지금까지 살아오는 동안의 많은 기억 중 당장 필요한 것들만 의식선상에 떠오른 것이다.

하긴 이 모든 것이 다 함께 의식선상에 떠오른다면? 우린 아무 일도 할 수 없다.

이 순간 우리가 의식하고 있는 일들은 빙산의 일각일 뿐 더 큰 덩치가 물 밑에 조용히 잠겨 있다. 그렇다고 잠재의식이 아무 일도 하지 않고 조용히 있는 건 아니다. 아무 일도 하지 않는 것 같지만 의식을 컨트롤하고 있는 건 바로 여기다. 대단히 역동적이다.

▶의식과 잠재의식

카페에서 자동문이라고 읽을 수 있는 것도 잠재의식 속의 기억이다. 전두엽에서 이게 뭐냐고 기억의 창고인 측두엽에 물었고, 즉각 답이 나온 것이다. 이게 순간적으로 되기 때문에 우리는 마치 절로 되는 줄 알고 있지만, 그사이 우리 뇌 속에선 많은 연계 작업이 진행되고 있는 것이다. 자동문이니까 손 안 대고 '잠시 기다리자'는 판단 역시 잠재의식의 소산이다.

'친구가 왔다면 혼자일 것이다. 자리가 많이 비어 있으니 합석을 할 리도 없고, 추우니까 그 회색 코트를 입고 나왔겠지……'

이런 추론이 가능한 것도 잠재의식의 기억 때문이다.

작업 기억을 가능케 하는 측두엽의 정보 창고

이렇게 자리를 잡고 앉기까지 잠시 판단 과정에 동원된 기억을 작업 기억이라 부른다. 이 작업을 지시한 건 의식적인 전두엽이고, 판단에 필요한 모든 정보, 지식, 기억 등은 잠재의식의 창고인 측두엽에서 나온 것이다.

좀 더 학술적인 분류를 한다면 잠재의식은 쉽게 의식화될 수 있는 것들이고, 무의식은 상당한 노력을 해야 의식화될 수 있는 것들이다. 따라서 우리가 일상생활에서의 뇌 현상을 설명할 땐 잠재의식만으로 충분하다.

잠재의식, 잠재 능력, 나도 모르게, 절로…… 등의 표현이 이젠 일상처럼 쓰이게 된 것도, 그간 많은 학자의 연구 보고도 그렇고 우리 일상 중에 누구나 체험하는 일이기 때문이다.

　의식적으로 하는 모든 생각이나 행동은 잠재의식의 이해 없이는 설명되지 않는다. 그만큼 의식은 잠재의식의 영향을 많이 받고 있기 때문이다. 잠재의식 없이는 의식이 성립되지도 않는다.

자면서도 문제를 해결하는 잠재의식의 신비

잠재의식이 무엇인지 확실해졌으면 이제 창조-기억-잠재의식의 연계 작업을 살펴보자.

창조도 공부도 그 시발은 전두엽. 여기서 '공부하자', '이런 걸 해보자'라는 의욕이 발동하면 측두엽에게 이를 해결하기 위해 필요한 정보를 요구한다. 측두엽은 관련 정보를 기억 창고에서 끄집어내 전두엽으로 보낸다. 그런데 '그걸로는 모자라', '안 풀려' 하면 측두엽은 다시 다른 것들을 내보낸다.

이게 전두엽에서 필요한 작업 기억이다. 문제 해결도, 새로운 창조도 이와 같이 의식의 전두엽과 무의식의 기억 창고인 측두엽 사이에서 긴밀한 대화가 오간 결과물이다.

일단 이렇게 작업이 끝나면 동원된 작업 기억은 다시 제자리, 측두엽 창고로 돌아간다.

문제는 이렇게 해도 안 풀리는 경우다. 이때는 더 깊이 골똘히 시간을 갖고 생각해야 한다. 여기서 창조의 과정을 살펴볼 필요가 생긴다.

지하철에서 옛 동창을 만났다. 이름이 생각 안 난다. 아무리 애써도 안 되고 진땀이 난다. 이윽고 그 친구가 내렸다.
'후유! 살았다. 이젠 됐다.'
전두엽은 더 이상 의식적으로 그 이름을 기억해 내려고 노력하지 않는다. 체념했다. 이제 더 이상 그 일을 생각지 않는데, 이건 또 무슨 변인가. 귀가 후 세수하다 말고 문득 그 친구 이름이 생각난다.
'그래, 맞아. 이게 왜 진작 생각이 안 났을까?'

이게 잠재의식의 작용이다. 헤어진 후 전두엽은 잊고 있었지만 잠재의식의 측두엽은 계속 작업을 하고 있었던 것이다. 또 이런 기억도 있을 것이다. 골똘히 생각해도 도무지 떠오르지 않던 문제 해결책이 아침잠이 채 깨기도 전에 번쩍 떠오른다. 깜짝 놀란다. 하지만 잠이나 꿈에 낮 동안의 잡다한 사건들을 정리, 요약, 기억하는 기능이 있다는 걸 생각하면 이상한 일도 아니다.

그렇기에 창조적 사고를 위해 잠을 적극적으로 활용할 수도 있다. '왜 요즈음 우리 청소년 자살이 증가하고 있을까? 예방책은?' 칼럼을 써야 하는데, 선뜻 방향이 잡히지 않는다.

측두엽의 기억 창고에서 관련 정보를 끄집어내 이것저것 연계하고 조합해 가며 작업을 한다. 전두엽의 의식 차원에서. 그래도 이거다! 하는 해답도 대책도 안 나온다. 이럴 땐 그쯤 하고 일단 잔다. 그러곤 아침에 일어나 펜을 들면 신기하게도 잘 풀려 나간다. 밤사이 잠재의식이 전두엽을 대신해 계속 정리 작업을 해 준 덕분이다.

잠을 자는 사이, 특히 꿈꾸는 동안의 수면(렘수면)이 낮 동안의 기억을 정리, 요약하는 기능을 한다는 사실을 최근 뇌과학 연구가 밝히고 있다.

잠시의 휴식, 멍청한 상태가 되는 것도 좋다. 무심코 걷는 산책, 낮잠 등 일단 하는 일에서 떨어져야 의식적 억제가 풀리면서 잠재의식이 자유로이 기능을 할 수 있게 된다.

이게 공부, 창조와 잠재의식의 밀접한 관계를 입증하고 있다. 그렇다고 처음부터 아무 일도 하지 않고 멍청히 있다고 갑자기 아이디어가 떠오르진 않는다. 생각에 생각을 더하고 치열한 자기와의 싸움 끝에야 찾아오는 행운이다. 생명의 연소감이 가져다주는 축복이다.

:: 의식과 잠재의식이 함께 사용되는 창조의 전 과정

무엇을 입을까? 매일 아침 옷장 앞에서 끙끙대는 사람이 있는가 하면, 척 보면 뭘 입을지 아는 사람도 있다. 대단한 창조다.

하지만 모든 창조적 활동이 이렇게 쉬운 건 아니다. 며칠, 아니 몇 년을 끙끙대야 하는 난제도 너무 많다. 여기가 창조성의 본무대다.

창조의 전 과정을 자세히 보자. 아무리 간단하고 쉬운 일도 창조에 관한 한 우리 머릿속에서는 대체로 다음의 과정을 밟는다.

1단계 – 발문기(發問期)

의문이나 불만, 문제의식이 생기는 시기. 모든 창조는 여기서 시작된다. 발문은 주인 의식이 있어야 생긴다. 이 회사는, 이 사회는 내가 책임진다는 확고한 당사자 의식이 있어야 비로소 의문이 발동하고, 문제가 보인다.

2단계 – 준비기(準備期)

문제를 해결하기 위해 자료 수집 등 준비를 하는 시기. 자문도 구하고 서적도 뒤적이는 등 많은 공부를 넓고, 깊이 해야 한다.

3단계 – 발산적 사고(發散的 思考, Diverge)

자나 깨나 그 생각에 몰두하는 시기. 준비된 자료와 함께 내 지식을 총동원해 여러 가지 가능성을 다 열어 놓고 검토, 조합한다.

4단계 – 잠복기(潛伏期)

모든 지식이 잠재의식의 용광로 속에서 녹아 절로 발효되는 시간. 발산적 사고 단계에서 더 이상 의식적 노력으로 해결이 안 되면 얼마간의 숙성, 부란하는 시간이 필요하다. 지금부터는 의식적 작업에서 잠재의식(무의식)으로 들어간다.

5단계 - 수속적 사고(收束的 思考, Converge)

잠재의식 속에서 여러 가지 지식, 정보 등을 조합해 해결성 조합으로 수속되어 가는 과정. 단 이 단계에서 너무 의식하면 오히려 자유로운 창조성을 억압할 수 있다. 용광로 속엔 내 것보다 남의 것이 더 많아 비록 새로운 해결책이 나온다 해도 그건 엄밀한 의미에서 창조적 표절이다.

6단계 - 계시기(啓示期, Flash)

무의식에서 다시 의식계로 되는 순간. 우연을 계기로 섬광이 터지듯 좋은 아이디어, 발상이 솟구쳐 오른다. 아! 물 밑에 잠긴 고기가 한순간 물 위로 뛰어오른다. 이런 행운은 가끔 그 문제로부터 떨어져 있을 때 돌연 찾아온다.

▶창조의 전 과정

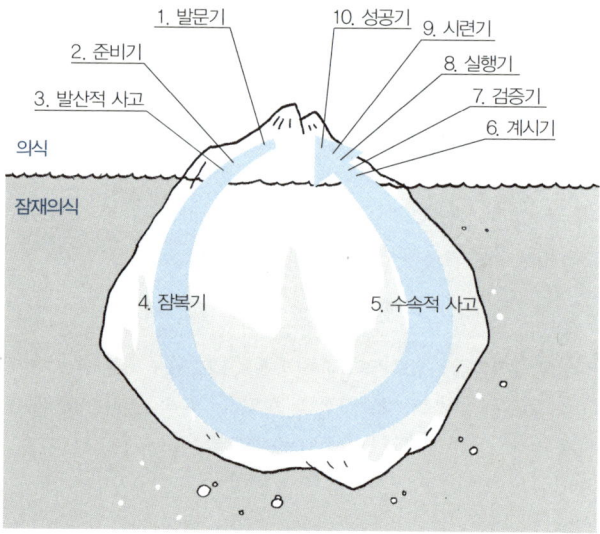

7단계 - 검증기(檢證期)
다시 깊은 논리적 사색을 필요로 하는 의식적 단계. 일단 떠오른 아이디어가 시의적절한지 타당성과 경제성 등 적정성을 따져 봐야 한다.

8단계 - 실행기(實行期)
협력자, 스폰서를 구하고 구체적으로 실천에 옮기는 단계. 이 단계에선 원만한 인간관계를 비롯한 높은 이큐(EQ)가 필요하다.

9단계 - 시련기(試鍊期)
많은 시행착오와 실패를 각오해야 하는 시련의 시기. 남다른 열정과 인내, 그리고 고독력(孤獨力)이 필요하다.

10단계 - 성공기(成功期)
실패에도 좌절하지 않고 다시 도전 또 도전해 끝내 성공으로 간다.

물론 모든 창조가 이렇듯 기계적인 단계를 순차적으로 밟아 진행되는 것은 아니다. 그러나 이러한 프레임을 마음속에 새겨 두면 창조란 게 뜬구름 잡는 막연한 것이 아니고 구체적이며 실증적이란 사실을 알게 된다.

문제 해결의 이차선 도로, 의식과 잠재의식

앞에서 살펴보았듯이 창조에 이르기까지는 좀 다른 두 가지 과정이 있다. 통상적인 의식 차원에서의 창조 과정과 비통상적인, 비상한 무의식(잠재의식) 차원에서의 과정이다.

통상적인 의식 차원에서의 창조는 아침마다 옷을 골라 입는 코디부터 일상 회화의 능력까지다. 하지만 이 모두가 기적에 가까운 창조다. 이런 것들은 머리를 쓰지 않고도 마치 '절로' 되는 것 같지만, 우리 뇌 속의 수많은 신경 회로가 작동, 활성화된 결과 비로소 완성되는 창조적 생산물이다.

좀 더 복잡한 문제도 있다. 머리를 쓰고 자문을 받는 등 얼마간 고민을 해야 풀리는 것도 많다. 입시도 그렇고 직장에서 부딪히는 문제들도 상당한 창조력을 동원해야 풀린다. 이럴 수도 저럴 수도 없는 문제를 절충하는 일, 소비자가 좀 더 쓰기 편하게 디자인을 새로 바꾸는 일도 훌륭한 창조다.

이런 난제들을 쉽게 풀어내는 사람을 우린 '유능하다', '재주가 있다', '센스가 빠르다', '감각이 뛰어나다', '창의적이다' 등으로 표현한다.

하지만 이들에게도 만만찮은 문제가 있다. 며칠 혹은 몇 달이 가도 안 풀리는 난제가 있다. 의식적인, 통상적인 방법으로 풀리지 않을 때는 얼마간의 시간을 두고 생각해 볼 수밖에 없다. 몇 달, 때론 몇 년을 생각해도 안 풀리는 경우도 물론 있다.

그런데 어느 날 친구와 차를 마시며 환담을 하는 중에 문득, 그간 고민해 오던 문제의 해결책이 떠오른다. '아! 그러면 되겠구나!' 섬광이 번뜩이는 순간이다. 정신의학적으로는 이 과정에 잠재의식이 작용하는 것으로 본다.

우리는 여기서 창조의 다른 과정을 보게 된다. 의식적인 데 반해 잠재의식적인, 통상적인 데 반해 비통상적인, 비상한 과정을 밟아 창조되는 과정이다. 그 구체적인 과정은 뇌과학적으로 아직 밝혀지지 않았다.

어쨌거나 이 과정은 의식적인 차원과는 좀 다르다. 잠재의식 속에서 대뇌의 복잡한 연합야끼리 서로 연락, 연상, 연합이 자유롭게 일어난다. 그렇게 함으로써 그때까지 독립된, 관계가 없는, 무의미한 조합들이 우리 의식의 참여 없이 서로 연결되기 시작해 하나의 창조를 탄생시킨다.

이러한 발산적 사고에서 수속적 사고로 가는 과정을 수학의 천재 푸앵카레의 회고담이 잘 웅변해 준다.

'어느 날 밤, 잠을 이루지 못하고 뒤척이는데 몇 개의 구상이 구름처럼 어지러이 피어오르더니, 서로 부딪쳐 몇 개가 조합을 이루고 차츰 안정된 하나가 되는 순간, 초기하급수의 함수 관계가 풀렸다.'

이건 거의 무의식적으로 진행된 결과다.

여기서 주의할 점이 있다. 의식적인 통상적 창조에도 잠재의식이 관여하고 있다는 사실이다. 쉽게, 절로 되는 것 같지만 엄밀한 의미에서 창조의 전 과정을 순간적으로 거치는 것이다.

전두엽에서 어려운 문제를 심사숙고하는 과정에도 측두엽 깊숙이 보관된 무의식의 기억 창고에서 관련된 정보를 끄집어내야 하고, 그것으로 안 풀리면 또 다른 걸 내와야 한다.

또한 잠재의식의 창조 과정 역시 가만히 있으면 절로 풀리는 것이 아니다. 의식적인 숙고, 고민을 거쳐야 비로소 어느 순간 해결책이 떠오른다.

그렇기에 의식, 잠재의식의 창조 과정을 따로 생각하는 건 의미가 없다고 주장하는 학자도 있다. 그만큼 의식-잠재의식의 세계가 서로 밀접한 관련을 가지면서 창조 과정이 진행되기 때문이다. 이 책에서는 창조의 본질을 생각하다 보니 편의상 구별한 것이다.

잠재의식의 창고를
가득 채워라

　이야기가 좀 거창해졌다. 우리가 무슨 세계를 놀라게 할 발견이나 발명을 할 것도 아닌데! 당장 눈앞의 문제를 해결하거나 시험공부를 좀 잘할 수 있으면 하는 건데!

　하지만 우리 일상의 모든 활동은 창조 그 자체다. 잘하는 사람, 못하는 사람도 있고, 빠를 수도 느릴 수도 있다. 그러나 모든 건 창조적 행동이다. 더구나 시험공부는.

　그리고 이 창조를 이해하기 위해 우린 잠재의식 속의 창고 이야기를 좀 더 자세히 하지 않을 수 없다.

　수학 문제 푸는 장면을 생각해 보자.

　많은 공식이 있다. 이 모든 게 의식선상에 있는 건 아니다. 많은 공식 중 쓸 만한 걸 골라 온다. 기억 창고, 즉 잠재의식 속에 있던 걸

의식선상에 올려놓고 문제를 풀기 위해 이래저래 추론하고 조합을 해 본다. 이게 수학 응용문제를 푸는 과정이다. 발산적 사고에서 수속적 사고로 가는 과정이다. 다만 시험이나 공부에는 시간제한이 있을 뿐이다.

그런데 기억 창고 속에 공식이 없다고 해 보라. 몇 시간을 끙끙거려도 풀 수가 없다. 맞는 열쇠 없이 문을 열겠다는 것과 같은 무모함이다.

수학도 암기라고 한 건 이래서 나온 소리다. 일단 창고에 많은 수학 공식을 넣어야 한다. 무슨 방법을 쓰든.

어떻게 무엇을 넣을 것인가? 필요할 때 무엇을 어떻게 끄집어내며, 이를 어떻게 추론하고 조합해 문제를 해결할 것인가? 이 모든 의식적 작업을 어떻게 효율적으로 할 것인가? 모든 뇌과학 지식을 총동원해 가장 효과적인 방법을 찾아보자. 열쇠는 잠재의식에 있다.

잠재의식의 존재는 안 보이고 만질 수 없으며 증명된 게 아니니까 과학적이지 않다는 반론도 있다. 하지만 그건 에너지를 못 믿겠다는 소리나 같다. 에너지는 누구도 보지도 만지지도 못했다. 그러나 에너지가 만들어 내는 결과를, 차가 움직이는 걸로 우리는 보고 있다. 이 책에서도 지금까지 잠재의식이 미치는 영향에 대해 많은 예증을 들어 설명했기에 그 존재에 대한 시비는 더 이상 없으리라 믿는다.

다만 잠재의식은 우리 의식으로 컨트롤할 수 없다는 게 문제다. 우리가 할 수 있는 건 잠재의식이 활동을 잘할 수 있게 의식적 노력을 기울이는 일이다.

많은 걸 공부하고 기억하면서 잠재의식 속의 창고를 채워야 한다. 그러면서 뇌가 즐겁게 할 수 있도록 도와야 한다. 그리고 성공의 이미지를 그릴 수 있어야 한다. 이게 모두 우리가 의식적으로 해야 하는 일이다.

그런 다음 기다려야 한다. 무의식 속에서 숙성되어 어느 순간 문제가 풀려 '아!' 하고 섬광이 의식 속으로 떠오를 때까지 인내를 갖고 기다려야 한다. 창조는 좋은 와인처럼 숙성하는 시간이 필요한 법이다.

공부도 창조도 감정이 한다

 감정이 공부를 하다니? 이해가 잘 안 될 것이다. 하지만 미운 사람의 얼굴을 떠올려 보라. 공부가 잘될 리 없다. 신이 나야 공부도 잘되지 않던가.
 감정도 공부나 창조적 활동에 중요한 역할을 한다. 감정은 이성에 의해 억압받는 단순하고 원시적 충동이 아니다. 이것은 인간 지성을 고도의 수준에 이르게 하는 뇌 기능의 중요한 부분이다.
 '과연 이렇게 행동하는 것이 옳은가?'
 이 판단은 실은 감정이 한다. 우리는 충분한 자료 없이도 결단을 내린다. 이 결단을 뒷받침하는 것이 감정을 관장하는 정동 계통(情動 系統)이라고 최근 뇌과학은 밝히고 있다. 아파트 광고는 왜 예쁜 여자 탤런트가 할까? 건축 전문가도 아니고 디자인도 모르는 사람이다. 하지만 사람들은 그 광고에 마음이 끌린다. 예쁜 탤런트를 좋아하기 때문이다. 그래서 아파트까지 마음에 든다. 논리적으로 생각하면 참 바보 같은 짓이다.

프로 기사는 직감이 먼저 작용하고 다음에 논리적인 수읽기로 들어간다. 어쩐지 그렇게 해야 할 것 같은 기분, 이게 직감이다. 한 수의 논리적이고 이성적 판단보다 직감이 먼저다.

운동이든 음악이든 노련한 대가들의 실연(實演)을 보면서 탄성을 지르게 되는 것도, 그리고 이것에 '동물적 감각'이란 표현을 쓰는 것도 이에서 비롯된다.

창조는 기쁘다. 공부를 통해 새로운 걸 알게 될 때 환희는 극치에 이른다. 아이디어가 떠오른 것만으로도, 어려운 문제가 풀린 것만으로도 하늘을 나는 것 같다. 뇌가 새로운 공부, 새로운 창조를 좋아하는 것도 감정이 있기 때문이다. 뇌는 창조적인 본성을 타고난 것이다.

다만 아쉽게도 공부나 창조의 과정에는 언제나 불확실과 새로운 것에의 호기심만큼이나 불안과 긴장도 따른다. 하지만 뇌는 이런 일엔 고통이 따른다는 것을 잘 이해하고 있어서 이를 감당하고 견디게 해 준다. 오히려 이 고통의 과정을 즐기기까지 한다. 고통이나 불안이 클수록 그 후에 오는 기쁨이 더 크다는 걸 알기 때문이다.

불확실 자체를 좋아하게 되니 뇌는 기대하지 않던 일이 성공했을 때의 기쁨을 더 좋아한다. 바라지도 않던 의외의 선물이 더 반갑고 기쁘다. 불확실이 확실로 되는 순간 온 뇌의 신경 회로가 동시에 발화한다. 이 순간, 우리 표정이나 반응을 보라. 대단히 감동적이다.

그런데 가끔 창조의 과정에 따르는 불확실, 호기심, 의외성 때문에 좌절하는 사람도 있다. 학교 모범생이 사회 낙제생이 되는 것이 좋은 예다. 이들은 언제나 안전한 틀 안에서 합리적이고 확실한 답이 있는 것에만 익숙해 있기 때문에 창조력이 없다. 용기가 없다. 변화가 두렵다. 용기 있게 바다로 뛰어드는 첫 번째 펭귄이 되지 못한다. 소위 '공무원의 소심 공포'도 이와 같은 기전이다. 전례가 없으면 새로운 일을 하지 못한다. 그랬다간 당장 나라가 무너지기라도 할 것 같다.

새로운 일은 언제나 자신이 없고 스트레스가 된다. 노인의 옹고집도 여기서 비롯된다. 나이가 들수록 도파민 회로가 둔해지며 작은 불안도 감당하지 못한다. 거기다 의욕까지 줄어들면 그저 현상 유지가 제일 안전하다. 이런 사람들에겐 감동도 없다. 감동만큼 강한 뇌의 활성 촉진제도 없다.

반면 공부를 할 때나 새로운 창조와 발상을 할 때는 뇌의 광범위한 신경 회로가 흥분하며 강한 감동이 수반된다. 뇌가 이를 놓칠 리 없다. 쉽게 감동하는 사람은 그만큼 창조적 공부에의 강한 동기가 있다는 증거다.

뇌는 무의식중에 그런 감동을 한 번 더 맛보기 위해 노력한다. 그리고 그 감각을 잘 기억해 창고에 보관해 둔다. 기회만 있으면 활동할 만반의 준비 태세를 갖춘다. 그렇기에 작은 계기가 주어지거나 큐 사인만 떨어지면 뇌가 즉각 반응한다. 그 전의 감동 기억을 총동원해 새로운 사태에 대응한다. 반응이 빠를 수밖에 없다. 기민하게 순간적 판단이 선다. 즉답이 나오는 것이다.

  우린 이런 상태를 직감력이라 부른다. 직감의 원천도 기분 좋은 감정이요, 감동이다. 이제 공부도 창조도 감정이 한다는 말이 이해되었으면 좋겠다.

기본은 언어력이다

입시 준비를 하며 지겹도록 들어 온 국영수. 그런데 국어, 영어는 물론이고 수학도 언어력이 뒷받침되어야 한다. 수학 공식도 언어로 되어 있고, 이들을 동원해 문제를 푸는 과정도 머릿속에선 말로 한다. 그 밖의 다른 과목도 마찬가지다. 어디 학과 공부뿐인가. 면접 시험은 물론이고 고객 상담에도 언어력이 필요하다. 그리고 창조력의 원천 역시 언어력이다. 왜냐하면 언어력은 생각하는 힘, 느끼는 힘, 상상력과 표현력 등 인간이 가진 정신적 능력의 총집합이기 때문이다.

우리는 일상에서 무심코 말을 하지만 '말을 한다'는 것은 기적과도 같은 대단한 창조력이다. 우리는 언제나 누구도 하지 못한 '새로운 말'을 하고 있다. 연극의 대사를 외우는 것이 아니라 매 순간, 머릿속에 떠오른 그대로 새로운 말을 만들어 낸다. '안녕하세요'라는 인사말 한마디도 매번 다르다. 억지로 하는 인사, 의례적 인사, 반가운 인사 등 다양한 변주를 거쳐 상대방에게 전달한다.

말이라는 것이 참 쉽게 나오는 것 같지만 말하는 동안 우리 머릿속서는 참으로 복잡한 과정이 진행된다. 우선 지금부터 할 이야기를 기획한 다음 전체 구도를 잡고 이야기의 순서를 정한다. 이게 뒤바뀌면 말이 안 된다. 서론, 본론, 결론을 어떻게 전개할 것인가를 정해야 한다.

물론 문법에 맞아야 한다. 그렇지 않으면 이야기를 제대로 전달할 수 없다. 그리고 어떤 어휘를 쓸 것인지를 정해야 하는데, 말하면서 적절한 의미의 단어군 중에서 어휘를 선택하고 조합하는 능력도 필요하다.

그러곤 운동 언어야(言語野)로 하여금 혀, 입술, 구개를 움직여 발성하면서 상대에게 내 말이 잘 들리도록 해야 한다. 이때 목소리 톤과 표정, 제스처도 이야기와 어울리게 조정한다.

또한 상대의 말을 듣고 상대의 표정과 반응을 살피면서 나의 표현 방법을 바꾸기도 한다. 말하기 능력뿐 아니라 남의 말을 이해하는 능력, 읽고 쓰는 능력까지 포함하면 언어력이란 대단히 복잡하고 거대한 능력이다.

말하고 들으며 다음에 할 말을 선택하는 이 복잡한 과정을 뇌는 100분의 1초도 안 되는 짧은 순간에 해치운다. 그것도 매일, 매 순간, 머릿속에 저장된 어휘들을 새로 조합해 말한다. 참으로 엄청난 기적 같은 창조 작업이다.

언어 중추가 뇌의 넓은 부위를 차지할 수밖에 없는 이유가 분명해졌다. 그리고 각 언어 중추들은 부위마다 맡고 있는 기능이 특수해 이를 다시 연합 조정할 필요가 있다. 언어 중추는 한군데에 몰려 있지 않고 여러 곳에 흩어져 특수한 기능을 담당하며, 연합야는 이들을 통합 조정한다.

중요한 몇 가지만 설명하자면, 브로카(Broca) 중추는 운동성 언어를 담당하는데, 이곳에 문제가 생기면 말을 못한다. 베르니케(Wernicke) 중추는 감각성 언어 중추로서 말을 이해하는 곳이다. 시각성 언어 중추도 있는데, 이곳이 고장 나면 글을 이해하지 못한다.

인류의 문명이 지금까지 끊임없이 발달할 수 있었던 것은 모두 인

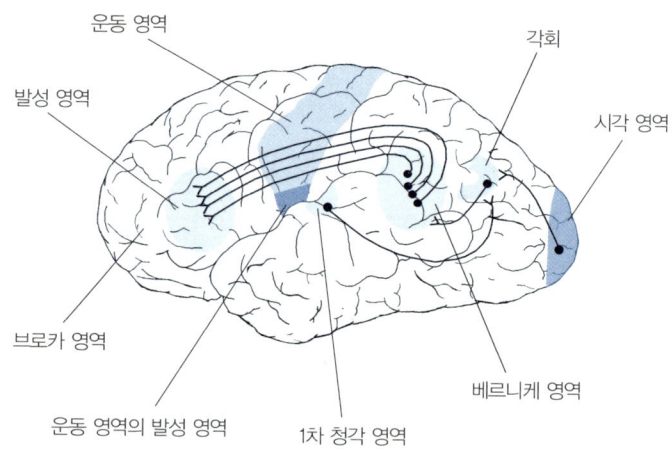

▶흩어져 있는 뇌의 언어 중추

※언어 중추는 베르니케 영역과 브로카 영역으로 나뉘어 있다. 또한 언어의 기능은 또 다른 대뇌 피질 즉 1차 청각 영역, 시각 영역, 운동 영역의 발성 영역, 그리고 각회 등과 연관되어 있다.

간의 언어 능력 덕분이다. **뇌력은 곧 언어력이다. 그리고 모든 창조적 공부도 언어를 통해 이루어진다.** 우리가 머릿속에서 무언가를 생각할 때도 언어를 사용한다. 언어 없이는 어떤 생각도 불가능하며 생각 없이는 공부도 창조도 불가능하다.

언어력과 창조력이 긴밀하게 작용하는 분야는 외국어 학습이다. 요즘은 외국어, 특히 영어는 가히 열풍이라 할 만하다. 하지만 영어를 배우기에 앞서 국어력부터 확실히 길러야 한다는 것이 뇌과학적 견해다.

우리가 영어를 들으면 머릿속에서는 그 말을 국어로 해석하고 대답을 일단 국어로 구성한 다음 이를 영역해 말한다. 영어권에서 태어난 사람이 아니라면 누구든 영어보다 자국의 언어가 먼저 머릿속에 떠오르게 마련이다.

한국에서 태어나 자란 이상 국어력 없이 영어력은 길러지지 않는다. 아무리 영어가 능통해도 국어력만 못하다. 영어 회화를 할 때도 일단 머릿속의 사고 형태는 국어로 진행된다. 국어 문장을 잘 쓰지 못하는 사람은 영작도 잘하지 못한다. 영어를 잘한다고 국어 문장을 잘 쓴다는 법은 없지만 국어 문장이 매끄러운 사람은 영어를 배우기도, 자연스러운 영작을 하기도 쉽다.

이렇게 머릿속에 입력된 외국어 단어들을 순간적으로 번역하는 작업도 공부요, 창조다. 공부와 창조적 사고의 기본은 언어력이다. 이는 창조적 전두전야(前頭前野) 훈련과 직결된다. 말을 보다 정교하게 다듬는 훈련은 그래서 중요하다.

배운것은 반드시 써먹어 봐야 하는 이유

출력 없는 입력은 의미가 없다. 열심히 공부했으면 어떤 형태로든 창조적 작품으로 나타나야 한다.

그런데 이게 쉽지 않다. 공부도 힘들지만 출력은 더더욱 만만치 않다. 영어 공부! 단어 외우기부터 얼마나 고생이 많았는가. 하지만 막상 외국인을 만나니까 그만 말문이 막힌다. 이건 누구나 겪는 일이다.

물론 이건 내 탓이 아니다. 뇌 구조가 그렇게 되어 있기 때문이다. 언어 중추를 나타내는 아래 그림에서 보다시피 뇌에는 감각계와 운동계가 따로 있어서 이 둘은 직접 연결이 안 되어 있다

감각 연합야는 들어오는 정보를 이해하고 입력하는 곳이다. 따라서 많은 걸 보고 들음으로써 쉽게 단련된다.

그러나 운동 연합야는 배워 익힌 걸 손발을 움직여 출력하는 곳이다. 많은 성공과 실패를 겪으면서 훈련하지 않으면 마음먹은 대로 쉽게 움직여 주지 않는다. 알면서도 영어로 말하는 게 쉽지 않은 건 감각계와 운동계의 두 시스템이 서로 연결되어 있지 않기 때문이다.

피아노 연주도 그렇고 자전거 타기도 마찬가지. 이론으로 아는 것과 실제로 해 보는 건 아주 다르다. 이 두 시스템의 간극을 메우기 위해서는 출력해 보아야 한다. 감각계 회로를 통해 입력된 지식과 정보를 운동계 회로를 통해 출력, 이를 다시 감각계로 입력한다. 그때 비로소 나의 어디가 잘못되었는지 혹은 잘된 건지를 알게 된다.

말하자면 나 스스로 내 안에서 심판 기능을 하는 것이다. 이런 사이클이 형성될 때 마침내 두 계통은 같은 지식과 정보를 공유하게 되며, 차츰 하나로 접근해 내 실력이 향상된다.

글로 써 봐야 하고, 프레젠테이션도 자주 해 봐야 한다. 그게 또 이해와 입력하는 공부에 도움을 준다.

영어 회화 실력 향상을 위해선 되든 안 되든 자꾸 지껄여야 한다. 속으로 아무리 잘해야 소용없다. 일단 끄집어내 지껄여야 한다.

구체적 목표를 세우는 '서브 골 작전'

　기원전 490년경, 그리스는 페르시아 대군과의 전쟁에서 수적 열세를 극복하고 승리를 거둔다. 하지만 전쟁터에서 멀리 떨어진 아테네의 시민들은 그리스의 승리 소식을 몰라 불안에 떨고 있다. 그들에게 승리 소식을 전해야 한다.

　한 병사가 아테네를 향해 달려간다. 단 한 사람의 병사가 외로이 까마득히 먼 거리, 42킬로미터를 달려야만 한다. 그 외로운 장거리를 버티게 한 힘은 무엇이었을까? 단 한 가지 분명한 목적, 아테네의 시민들에게 그리스 군의 승리를 알리는 것이었다.

　"우리는 이겼다."

　한마디를 외치고 쓰러진 이 감동적인 쾌거를 기념하기 위해 마라톤이 시작되었고, 이 병사의 투혼은 이 시대에도 면면히 이어져 오고 있다.

공부도 마라톤이다. 목표를 향해, 혼자, 고독한 길을 달려야 한다. 하지만 마라토너들이 풀코스를 완주하는 데는 요령이 있다.

정확히 42.195킬로미터. 생각만 해도 아득하다. 마라토너들은 이를 한 번에 달리지 않는다. 각 지점별로 자신이 달성해야 할 목표치를 분할해 놓고 달린다. 운동생리학에서는 이를 서브 골(Sub Goal) 작전이라 부른다.

마찬가지로 공부도 중간 진도를 체크하고 자신을 독려할 작은 목표가 있어야 중도에 포기하지 않는다. 공부라는 마라톤 코스를 완주하는 방법은 저만큼 앞에 보이는 작은 목표, 중간 목표점을 정하는 것이다. 목표가 눈에 보이면 한 걸음씩 다가가는 것이 온몸으로 느껴지고, 공부가 더 쉽고 편한 일이 된다.

영어 공부도 무턱대고 시작하면 중도에 포기하기 쉽다. 토익 점수 몇 점 이상, 또는 외국인 친구 사귀기 등 분명한 목표가 있으면 영어 학습서가 달라지고, 공부하는 방식이나 결과도 달라진다. 포기에서 성공으로 말이다. 그리고 한 단계 성공하면 그다음 단계를 향해 나아갈 동력을 얻게 된다.

중간 목표점을 정해야 하는 또 하나의 이유는 공부의 결과가 분명하게 보일 때 머리가 잘 굴러가기 때문이다. 도전과 성취는 인간의 본능이다. 분명한 목표가 있어야 의욕이 생기고, 의욕이 있을 때 의욕의 중추인 측좌핵을 깨울 수 있다.

드디어 공부가 진행된다. 측좌핵은 더욱 흥분하고, 신경 세포들이 활발히 움직인다. 목표를 향해 한 걸음 다가가는 것이 눈에 보이기 시작하면 뇌는 흥분 일색, 성취의 가능성에 반신반의했던 마음은 더욱 굳은 의지로 변한다.

모두가 바쁜 세상, 효율적으로 시간을 써야 한다. 시간이라는 자산을 투자한 이상 최대의 수익을 올려야 한다. 그러려면 공부의 목표가 분명해야 한다. 그래야 응축·농축·압축 공부가 가능해진다. 막연한 목적이 아닌, 분명하고 확실한 목표다.

영어 공부를 하겠다는 것 역시 목표이긴 하지만 구체적이고 정확한 목표는 아니다. 영어 공부라면 왜 해야 하는지부터 분명해야 한다. '승진의 발판으로 삼겠다'라는 분명한 목표가 서면 토익 시험을 준비하는 데 효과적인 공부 방법이 나온다. 토익 시험에 자주 출제되는 단어를 익히는 데 주력하게 될 것이다. 이것이 공부의 효율성을 높이는 요령이다.

공부 목표를 설정할 때 고려해야 할 것들

우선 나는 어떤 사람이 되고 싶은지 구체적으로 생각해 보자. 영어라면 영어 작문을 잘하는 사람, 영어로 대화할 때 막힘이 없는 사람 등 구체적인 목표와 이미지를 그려 보자.

지금의 나와 목표를 이루고 난 후의 나를 비교해 보자. 그러면 지금 내게 부족한 것이 무엇인지 파악할 수 있다. 목표를 설정할 때는 이렇게 자신을 돌아보고 스스로를 분석, 평가하는 일이 먼저다. 숫

자나 계산을 싫어하는 사람이 전망이 좋다고 회계사에 도전하는 건 무리다. 먼저 나의 성격, 취향을 고려해야 한다.

배워 두면 널리 장기적으로 활용할 수 있는 것을 찾아보자. 어학이나 IT 기술은 두고두고 쓸 수 있다.

공부는 시간과의 싸움이다. 시간이 없는 사람일수록 결과에 더 안달하는 법이다. 생각처럼 분명한 결과가 눈에 보이지 않으면 더 이상 버티기가 힘들어진다. 목표점에 도달했을 때의 성과가 분명하게 그려진다면 버틸 수 있는 여유가 생긴다.

목표를 세우고 그것을 떠올리며 공부하는 것, 공부라는 고독한 길을 성공적으로 완주하는 비결이다.

잠재의식을 자극하는 이미지법

우리는 지금 창조적 공부를 주제로 씨름하고 있다. 많은 정보를 입력, 이를 조합 정리해 잠재의식의 용광로에 넣고 숙성되길 기다려 왔다. 뇌에 잘 녹아들었다가 어떤 계기로 섬광이 터지길 기다린다. 일단 정보가 잠재의식으로 들어간 이상 의식적인 조작이 안 되기 때문이다. 최선을 다한 후 처분을 기다리는 수동적인 자세다.

하지만 이 순간을 마냥 기다리고 있을 수만은 없다. 이 과정을 촉진시킬 방법은 없을까? 그래서 생각해 낸 것이 이미지법이다.

성공 이미지를 그리면서 계속 그 생각을 하면 잠재의식은 목표를 향해 나아간다. 이 기법은 잠재 능력 계발의 필수 요소로서 많은 연구가 되어 있다.

그런데 그걸 그대로 따라 해서 성공했다는 이야기는 그리 많이 들어 보지 못했다. 이유는 간단하다. 성공의 이미지를 그리기가 쉽지 않아서다.

첫째, 이 일이 잘될까 하는 의구심 때문이다. 한번 의심이 생기면 성공하려는 의식적 노력에도 불구하고 잠재의식은 '그 일은 안 될 것이다'라고 방해한다. 정신 통일이 안 되는데 일이 잘될 리가 없다. '과연?'이라는 의구심이 들면 목표가 흔들린다. 목표를 바라보는 초점이 흐려지며 앞이 잘 보이지 않는다.

둘째, 억지로 하기 때문이다. 성공의 이미지를 그려 보기 위해 의식적으로 노력하다 보면 어쩐지 억지로 하는 느낌이 든다. 보통 사람에게는 당연한 감정이다. 명심해라. 뇌는 좋아하는 것만 하려고 든다. 특히 잠재의식은 이런 성질이 더욱 강하다. 압력을 넣을수록 잠재의식은 반발한다.

셋째, 상상력이 부족하기 때문이다. 성공한 나의 멋진 모습을 상상할 수 있어야 한다. 상상만으로도 웃음이 절로 난다. 누가 보면 실성한 사람 같다. 하지만 기대감으로 벌써부터 가슴이 뛴다. 이 과정에서 잠재의식도 즐거워하며 적극적으로 움직인다.

넷째, 성공의 경험이 부족하기 때문이다. 실패를 여러 번 겪은 사람이면 '이번에 또?'라는 두려움과 함께 성공 이미지가 잘 그려지지 않는다. 오히려 실패 후의 좌절만 떠오른다. 이래서는 성공의 고지에 닿을 수 없다. 이럴 땐 잠시 멈추고 생각해 보라. 지난날의 작은 성공을! 작은 것도 성공은 성공이다. 그때의 환희를 떠올려 보라. 이번에도 그 기쁨을 재현할 수 있을 것이다.

정신과 진료실에선 종종 가성 임신 환자들을 만난다. 아이를 원하는 간절한 마음에 몸이 따라 움직인 것이다. 진짜 임신한 것처럼 입덧을 하고 임신부처럼 걸음걸이도 변한다. 점점 배도 불러 온다. 물론 이것은 가짜 임신이다. 그런데도 몸의 변화는 진짜 임신한 사람과 같다. 안타깝긴 하지만, 간절한 기원이 생리적 변화를 가져오게 하는 뇌의 기능은 참 신비스럽다. 뇌가 바라면 몸도, 행동도 원하는 방향으로 가게 되고 마침내 소망이 이루어진다.

➜ Keep in Mind

01 **나도 모르게 문제를 해결하게 해 주는 잠재의식의 힘**
잠재의식의 신비:
며칠 동안 안 풀렸던 문제, 어느 날 갑자기 해결되는 이유는?
전두엽은 의식적으로 정보를 조합, 측두엽은 잠재의식 속에 정보를 조합
의식과 잠재의식은 함께 문제를 해결하는 두 과정이다

02 **부지런히 익히고, 잠재의식으로 숙성시켜라**
잠재의식은 정보의 용광로!
공부한 내용을 녹여서 연결하고 편집해 결과를 만든다
의식이 공부하지 않으면, 잠재의식도 정보를 녹여 결과를 만들어 낼 수 없다

03 **생각 정리 못지않게 중요한 것은 감정 정리**
'판단'은 이성이 아니라 감성의 영역! 직감력이 없으면 공부를 할 수 없다
불확실, 호기심, 의외성에 좌절하면 '공포'가 발생하고 창조가 어렵다
뇌는 공부에 의한 감동을 기억한다! 감성적인 사람은 동기 부여도 잘된다

04 **언어력은 모든 창조의 기본**
언어는 의식과 잠재의식을 모두 관장하는 소프트웨어
뇌의 언어 중추는 여러 곳에 흩어져 뇌 전체에 영향을 미친다
말과 글을 정교하게 다듬는 훈련은 창조적 전두전야 훈련과 직결된다

05 **목표는 구체적으로, 성공 이미지는 뚜렷하게**
큰 목표만 보지 말고 중간 목표를 세워라! 측좌핵을 깨워 의욕을 상승시킨다
성공 이미지를 상상하라! 측두엽의 편집 기능에 의해 잠재의식이 반응한다

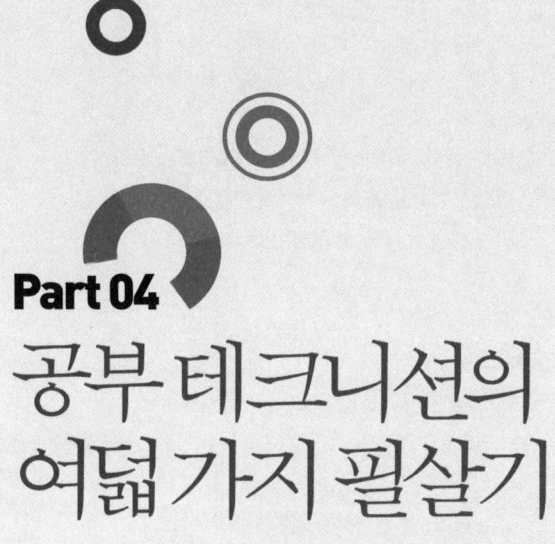

Part 04
공부 테크니션의
여덟 가지 필살기

지식을 쌓아 두는 것만으로는 아무런 의미가 없다.
이를 끄집어내 새로운 작품을 만들지 않는다면 그 힘든 공부는 왜 했나?
내 지식으로 완전히 소화되어 있어야 응용력이 생긴다. 여기까지가 공부다.
공부의 단계를 알았으니 이제 문제는 어떻게 공부를 잘하느냐다.

효율적 공부의
매뉴얼을 익혀라

　공부라는 단어의 의미를 국어사전에서 찾아보면, '학문이나 기술을 배우고 익힘'이라고 나와 있다. 어떤 지식에 대해 배우고 그 지식을 내 것으로 만드는 일련의 과정, 이것을 공부라고 한다. 그런데 지금까지 우리가 생각해 온 공부는 새로운 지식을 머리에 넣는 1차원적인 입력이라는 의미에만 그쳤던 것 같다. 그래서 공부를 잘한다, 못한다의 기준도 성적표에 나오는 수치일 뿐 그게 실사회에서 어떻게 쓰일 것인가는 크게 관계가 없다. 학교 우등생이 반드시 사회 우등생이 되란 법이 없는 건 그래서다.

　'공부'는 중국어에선 한자는 같지만 그 의미가 우리와 좀 다르다. 중국어에서 공부(工夫)는 '오랫동안 공들이다', '수업', '연구를 쌓다'라는 의미다. 단순히 지식을 익히는 것, 입력하는 것에서 한 단계

더 나아가 입력된 지식을 정리하고 다져 차곡차곡 내 안에 쌓는 일을 공부라고 하는 것이다.

같은 한자 문화권인 일본은 어떨까? 우리말의 공부와 같은 의미의 일본어는 '벤쿄', 한자로는 '勉强'이라고 쓴다. 물론 일본어에도 '공부(工夫)'라는 한자 단어가 있다. 하지만 일본 역시 우리와는 다른 의미다. 일본어에서 '工夫'는 '궁리함', '생각을 짜냄'이라는 의미다. 머릿속에 있는 생각을 밖으로 끄집어내는 단계를 그들은 공부라고 하는 것이다.

같은 한자 문화권인 세 나라에서 공부는 각기 다른 뜻으로 사용된다. 하지만 이 각각의 의미가 공부의 여러 측면과 단계를 잘 설명하고 있다. 우리의 공부는 어떤 지식을 머리에 입력하는 단계에 초점을 맞춘 것이라면, 중국의 공부는 습득한 지식 중 버릴 것과 남길 것을 정리하고 고르게 다져서 높이 쌓는다는 것이고, 일본의 공부는 그렇게 쌓아 놓은 지식을 실생활에서 사용하는 단계를 말하는 것이다. 배우고 지식을 쌓아 깊이를 이루고, 그것을 쓰는 세 단계를 거쳐야만 진정한 공부라고 할 수 있다.

결국 공부는 머리로 정보를 모으고 분석하는 일과 정보의 타당성 및 필요성을 판단해 내 안에 쌓는 일, 정보를 적절한 에너지로 바꾸어 쓰는 일 모두를 아우르는 것이다. 결정성 및 통괄성 지능이 발달하는 어른이 마음만 먹으면 공부를 더 잘할 수 있는 이유가 여기에 있다.

누구든 공부하는 그 자체에만 의미를 두지는 않는다. 공부의 궁극적인 목적은 공부한 지식을 언젠가 사용하고 활용하는 것이다.

　첫 번째 단계인 정보를 습득하는 일은 어쩌면 차라리 쉽다. 열심히 읽고 쓰고 외우면 된다. 문제는 그다음이다.

　두 번째 단계는 정보를 내 안에 쌓는 일이다. 물론 그냥 저장을 반복해서는 안 된다. 정보의 타당성과 필요성을 판단해 버릴 것은 버리고 묶을 것은 묶어 줘야 한다. 여기서부터 어떻게 해야 할지 고민이 된다.

　저장고에 물건을 쌓을 때의 모습을 떠올려 보자. 상자를 무조건 높이만 쌓지 않는다. 필요할 때 찾기 쉽게 성질이 비슷한 물건끼리 한곳에 쌓거나 사용 빈도가 높은 물건을 입구 쪽에 쌓는 등 분류하고 정리해 보관한다. 그리고 그 과정에서 빈 상자나 필요 없는 물건은 버린다.

　공부도 마찬가지. 공부하려고 사온 책, 혹은 이미 우리 머릿속에 있는 지식 중에는 필요 없는 정보도 많다. 필요 없는 정보는 아예 뛰어넘거나 머릿속에서 지워 버리는 것이 상책이다. 괜한 욕심을 부려 모두 기억하면 머릿속에서 막상 필요한 정보를 찾는 것을 방해하기 때문이다. 많은 정보를 잘 끄집어낼 수 있게 분류하고 묶어서 정리해 두어야 한다.

　세 번째의 정보를 잘 활용하는 단계에 이르러야만 정말 공부를 했다고 할 수 있다. 일단 저장해 둔 정보를 쉽게 끄집어낼 수 있어야 하고, 그 정보를 실생활에 활용할 수 있어야 한다.

　지식을 쌓아 두는 것만으로는 아무런 의미가 없다. 이를 끄집어내 새로운 작품을 만들지 않는다면 그 힘든 공부는 왜 했나? 내 지식으로 완전히 소화되어 있어야 응용력이 생긴다. 여기까지가 공부다.

공부의 단계를 알았으니 이제 문제는 어떻게 공부를 잘하느냐다.

어떻게 해야 정보를 효과적으로 습득할 수 있을까? 어떻게 해야 정보를 잘 정리해서 쌓을 수 있을까? 어떻게 하면 우리가 원하는 순간 필요한 정보를 잘 끄집어내 활용할 수 있을까? 이 파트에서는 바로 그 방법을 알려 주고자 한다.

첫 번째_
몸과 마음을 준비시키는 집중의 비법

　공부에 집중하려면 일단 공부할 수 있는 환경을 만들어야 한다. 나는 어떤 상황에서 집중이 잘되는지 따져 보자. 사람마다 최적의 공부 컨디션을 발휘하는 특정한 장소와 시간이 있다. 어떤 사람은 도서실에서, 어떤 사람은 자기 방에서 혼자 공부할 때 머리가 잘 돌아간다고 한다. 내게 맞는 곳에서 책을 펼쳐라.

　특별히 생각나는 곳이 없다면 다수의 조언을 따라 보자. 공부 장소로는 넓고 개방된 곳보다는 적당한 크기의 폐쇄된 방이 좋다. 너무 조용하면 정서적으로 안정이 안 될 수도 있다. 음악을 틀되 평소에 자주 듣거나 아주 좋아하는 음악은 피하는 게 좋다. 노래 가사를 흥얼거리다 보면 그 음악과 관련된 기억이 떠올라 집중을 방해하기 때문이다. 클래식 음악이 좋다는 의견이 많지만 졸음이 온다는 사람도 있다. 각자의 취향에 맞게 선택하자.

조명은 방 전체는 간접 조명으로 훤히 밝히고 책상 위는 초점 조명, 스탠드로 밝히자. 각성과 집중이 동시에 된다. 너무 덥거나 추워도 집중이 되지 않는다. 더운 것보다는 약간 싸늘한 쪽이 나을 수도 있지만 자기에게 쾌적한 온도가 좋다.

책상 위는 당장의 공부에 필요한 것 외에는 말끔히 치워야 불필요한 자극을 피할 수 있다. 의자는 책상과 30센티미터 정도의 간격을 두고 바짝 붙이고, 앉을 때는 의자에 등을 기대라. 발판에 발을 올려놓되 뒤꿈치가 무릎과 일치하게 가지런히 모은다. 그래야 발의 울혈 상태를 방지할 수 있고 피로가 분산된다.

공부 도구는 좋아하는 것으로 하되 좀 비싼 것으로 준비해라. 펜을 써 보고 싶고, 스탠드를 켜 보고 싶어서라도 책상에 앉게 된다. 도구에 들인 돈이 아까워서라도 공부하게 된다.

주변 환경이 조성되었으면 크게 심호흡을 해 보자. 바른 자세로 앉아 숨을 깊이 들이마시고 내쉬는 동안 우리 뇌에서는 세로토닌이 분비된다. 딱 1분간만 해 보자. 그 1분간의 명상으로도 뇌는 충분히 공부 준비를 한다.

공부 시작 전 간단한 기합을 넣는 것도 뇌가 준비하는 데 도움이 된다. 학교 다닐 때 수업이 시작되기 전 반장이 일어나 '차렷, 경례' 하고 선생님에게 인사했다. 자세를 바로잡는 순간 명상 효과가 생기고, 큰 소리로 인사하는 순간 몸에 약간의 기합이 들어가면서 수업을 받아들일 준비를 갖추게 된다. 혼자 공부할 때도 그 기억을 떠올리며 공부의 시작을 몸에 알려 보자. 자세를 바로 하고 "시작!"이라고 외쳐 보자. 이제부터 공부다. 뇌의 전환이 일어난다. 공부하다 꾀가 나고 졸릴 때도 혼자 "차렷, 경례!" 하고 기합을 넣어 보자. 정신이 바짝 들 것이다.

이제 책을 펴고 오늘의 목표를 정해라. '몇 시까지 두 챕터를 읽겠다', '오늘 중으로 단어 50개를 외우겠다' 하는 식으로 구체적인 목표를 정해라. 싫어하는 공부도 이렇게 시작하면 뇌가 의지를 따라 줄 것이다.

목표와 그 목표에 대한 의지를 분명히 하되, 목표는 도달할 수 있는 구체적이고 실질적인 것이어야 한다. 무조건 많이 하겠다는 욕심을 내고 책을 보면 쉽게 지친다. 쉽게 하고픈 변연계의 편도체가 반발하기 때문이다. 해도 끝이 보이질 않으니 포기하고 싶어진다. 그 부정적인 감정의 틈을 타고 잡념이 침범한다. 분량이나 소요 시간을 짧게 끊어 목표를 정하고, 일단 정한 이상 반드시 그 목표를 달성하자. 이것은 자신과의 약속이다. 약속을 지키고 나면 성취감과 할 수 있다는 자신감을 얻게 된다. 이게 다음 진도를 나가는 데 발판이 되고 공부가 즐거워지도록 돕는다.

꾀가 나거든 하품을 하거나 기지개를 켜라. 각성 중추가 자극되어 가뿐한 기분이 든다. 그래도 집중이 흐트러지면 일어나라. 서 있기만 해도 100개 근육이 이완과 긴장을 반복하며 뇌를 자극한다. 창문을 열고 방 안을 걷거나 암기장을 손에 들고 소리 내 읽어라. 찬물로 세수하는 것도 좋다. 안면 근육과 손이 뇌 신경과 연결되어 있어 뇌가 활성화되면서 각성과 집중력을 높인다. "짝!" 소리가 나게 박수를 쳐라. 손과 귀가 동시에 자극받으면서 정신이 번쩍 날 것이다.

정 피로감이 심해지면 아예 큰대자로 누워라. 공부하다 피로가 몰려오는 것은 생각을 많이 해서라기보다는 강행군으로 인해 신체적 피로가 누적된 탓이다. 5분 정도 누워 있는 것이 최고의 피로 회복제다.

일어나면 기지개를 켜고 차나 커피, 간단한 스낵, 초콜릿 등을 섭취한다. 카페인에 민감하지 않다면 한두 잔의 커피는 각성 효과가 있다. 껌을 씹는 것도 좋다. 세로토닌이 분비되고, 교근(咬筋)은 삼차 신경과 연결, 뇌로 전달되어 뇌 세포가 활성화된다. 또한 뇌로 혈류가 증가하면서 집중력과 사고력이 향상된다.

공부할 땐 만복보다 약간 배고픈 상태가 해마의 기억력을 높여 준다. 배고플 땐 식욕 촉진을 위해 그렐린이 분비되는데, 이것이 해마의 신경 연락망을 증가시켜 기억력을 증강시키기 때문이다.

이렇게 온몸을 움직여서 머리를 쉬게 하자. 단 이 시간은 딱 10분이다. 10분이 넘으면 공부에의 뇌 회로 활성도가 차츰 떨어지기 시작하기 때문이다. 이 회로를 다시 작동시키려면 시간이 걸린다.

공부를 시작하기 전, 격렬한 스포츠 경기를 관람했거나 스릴 넘치는 액션 영화를 보았다면 이미 우리 뇌에서는 아드레날린이 분비되었을 것이다. 마음이 차분하지가 않다. 경기 장면이 자꾸 떠오르고 스릴 넘치는 흥분이 쉽게 사그라지지 않는다. 뇌는 공부보다는 계속 그런 자극을 받고 싶어 한다. 어쩔 수 없다. 그것이 사람의 본성인 것을. 이럴 때는 책상 앞에 무조건 앉아 있기보다는 10분 정도 가벼운 산책을 하는 것이 좋다. 머릿속에 아까의 경기 장면이 떠오르면 그대로 두고 천천히 호흡을 가다듬으며 숨을 내쉴 때 그 생각을 날려 버린다는 생각을 해 보라. 산책과 호흡 등으로 세로토닌 분비를 촉진시키면 집중에 방해가 되는 아드레날린을 잠재울 수 있다. 마음이 차분하게 가라앉으면 즉시 책상 앞으로 돌아와라. 이제 다시 공부다!

∷공부 전 짧고 쉽게 할 수 있는 1분 명상의 힘

명상의 세 가지 요소는 **바른 자세**, **깊은 호흡**, 그리고 **의식의 집중**이다.
공부를 즐겁게 하려면 일단 몸과 마음이 기꺼이 공부하려는 준비가 되어 있어야 한다. 그런데 어떻게? 가장 효과적이고 손쉬운 방법은 명상이다.
명상을 하면 고민, 갈등, 잡념 등 신피질 활동은 줄어들고 그 아래 변연계의 기억력, 주의 집중은 향상된다. 그리고 세로토닌의 분비가 촉진되면서 뇌가 공부를 잘할 수 있도록 준비한다. 또한 아드레날린과 노르아드레날린의 분비를 조절해 마음을 차분하게 가라앉혀 주기도 한다.

가부좌는 필요 없다

명상을 한다고 꼭 가부좌를 틀고 앉을 필요는 없다. 자기 상황에 맞게 편하게 앉는 것만으로도 좋다. 의자에 바로 앉든 바닥에 양반 다리를 하고 앉든, 중요한 것은 허리를 곧바로 편안하게 펴는 것이다. 그리고 명상은 꼭 앉아서 하는 것만은 아니다. 조용히 거닐면서 하는 명상이 더 효과적일 수도 있다.

깊은 호흡으로 리듬을 타라

우리는 어딘가에 열중하거나 주의 집중을 할 땐 숨을 잠시 멈춘다. 영화나 드라마에서 긴박감 넘치는 장면을 보면 자기도 모르게 숨을 죽인다. 아슬아슬한 상황이 끝나면 그제야 '후유' 하고 숨을 내쉰다. 잠시 숨을 멈추면 집중이 잘되기 때문이다. 그래서 정신 통일이나 정신 수양을 할 때도 호흡 조절이 기본이다. 성이 나거나 짜증이 나고 초조할 때 제발 좀 진정하라고 아무리 타일러 봐야 말을 듣지 않는다. 자율 신경은 우리 의지대로 조절되지 않기 때문이다.
자율 신경을 조절하는 유일한 방법이 호흡 조절이다. 심호흡을 몇 번 하면 거짓말처럼 마음이 차분해진다. 호흡을 조절하면 세로토닌이 분비되면서 마음이 가라앉고 집중력이 높아진다.
여기서 말하는 호흡은 복식 호흡이나 단전 호흡처럼 의식적으로 깊이 호흡하는 것을 말한다. 아랫배 깊숙이 숨을 들이마신 후 잠깐 숨을 멈추다시피 하다가 천천히 뱉어

보자. 천천히 나가는 숨과 함께 몸속의 나쁜 기운도 같이 빠져나가는 느낌이 든다. 들숨과 날숨에 따라 배가 불룩거리며 자연스럽게 리듬을 탄다. 깊은 호흡에 리듬까지, 세로토닌이 명상을 반기는 이유다.

잡념이 들면 내버려 둬라

마지막 단계는 의식을 집중하는 것이다. 어디에 집중하든 상관없다. 우선, 쉽게 드나드는 호흡에 집중해 보자. 물론 집중이 처음부터 쉽지는 않다. 집중하려고 하면 할수록 잡념이 떠오른다. 그래도 괜찮다.

많은 사람이 명상은 생각을 없애고 무념무상의 상태가 되어야 하는 것이라고 알고 있다. 하지만 그것은 도인의 경지이고 일반인은 그렇게까지 안 해도 된다. 애써 머리를 비우고 멍하니 앉아 있으려 하지 말고 어떤 생각이 떠오르면 떠오르는 대로 내버려 둬라. 꼭 공부에 관한 생각만 떠올리려고 노력할 것도 없다. 강가에 서서 흐르는 강물을 바라보듯 생각이 자연스럽게 흘러가도록 그냥 두는 것, 이것이 공부에 필요한 명상이다.

잡념 때문에 명상이 안 된다고 하는 사람이 많다. 하지만 사람이 살면서 생각을 안 할 수는 없다. 뇌가 살아 움직이는 동안 온갖 생각이 드는 것은 당연한 일이다. 생각은 '생각하지 말아야지' 하면 할수록 더욱 생각이 나는 청개구리 같은 습성이 있다. 그럴 때는 그냥 **생각이 자연스럽게 흘러가도록 내버려 두는 수밖에 없다.** 생각은 흐를 만큼 흐르고 나면 제풀에 사그라진다. 그러면 다시 호흡으로 돌아와 집중하면 된다.

자세, 호흡, 의식의 삼박자가 어우러진 명상은 공부하기 전 짧게는 1분이면 족하다. 딱 1분만으로도 세로토닌이 분비되면서 몸과 마음이 공부할 수 있는 최적의 상태가 된다. 학업 성적이 향상됨은 물론이다. 그리고 이럴 때 창조적 발상이 잘 떠오른다. 안 풀리던 수학 문제가 스르르 풀리기도 한다.

시간낭비라고? 천만에다. 기껏 1~2분, 그 짧은 명상이 공부 능률을 몇 배로 올려 준다. 절대로 밑지는 일이 아니다. 이게 뇌과학의 실증적 결론이다.

두 번째_
초고도 집중력을 기르는 일점 집중의 비법

집중할 때는 무섭게 해야 한다. 그냥 집중이 아니다. 지금 앞에 펼쳐진 공부 외엔 아무 생각 없이 오직 한 점에 집중해야 한다. 볼록렌즈로 초점을 맞추면 종이에 불이 붙는다.

'무서운'이란 말뜻을 잘 새겨들어야 한다. 불이 붙을 만큼 무섭게, 한 점에 집중해야 한다. 일점(一點) 집중이다. 이럴 때 비로소 테스토스테론의 무서운 폭발력이 발휘된다. 공부 진도가 눈에 보이게 성큼 앞으로 나아간다.

공부를 잘하고 못하고는 집중을 한 점에 모을 수 있느냐에 달렸다. 사회적으로 성공한 사람의 공통점도 바로 이거다. 한 가지 일에 매달리면 오직 그 일 하나에만 무섭게 집중한다.

난 그렇게는 안 돼? 천만에. 이런 집중력은 누구에게나 있다. 내가 좋아하는 일을 할 때를 생각해 보자. 어린 시절, 구슬치기, 만화, 게임에 미쳤던 때를 생각해 보라. 누구에게나 있다. 다만 방법을 모를 뿐이다.

일점 집중력이란 의식적으로, 필요할 때, 필요한 곳에서, 내 마음먹은 대로, 필요한 한 점의 목표를 향해 발휘하는 기술이다. 이럴 때 무서운 폭발력이 발휘된다. 그 비결은 의외로 간단하다.

첫째, '버리는 것'에서 시작한다. 이것도 저것도 다 하려면 안 된다. 일단 여기다 싶으면 오직 여기에만 전력투구해야 한다. 렌즈의 초점이 두셋이 되면 불이 붙지 않는다. 아내 생일, 집 전화번호까지 잊어도 좋다. 공부 잘하는 방법은 공부에 당장 필요하지 않은 건 깜깜하게 잊어버리길 잘하는 것이다.

둘째, 집중의 대상이 단순 명쾌해야 한다. '대입 준비를 한다'는 것으로는 안 된다. '이번 시간에 단어 20개는 외운다'처럼 구체적이고 실질적이어야 한다.

셋째, 전체를 개관해야 한다. 앞으로 남은 시간, 분량, 내 실력 등 전체적인 판단이 서야 버릴 건 버리고 한 점에 집중할 수 있다. '이 시간엔 이것만 하면 된다'는 안심감이 집중을 잘할 수 있게 해 준다.

넷째, 전체적인 흐름에서 감당할 만큼의 부하를 걸어야 한다. 처음 하는 공부라면 적정한 양을 마스터함으로써 달성감, 자신감을 얻을 수 있다. 하지만 차츰 그 수준을 넘어, 자기 허용 범위까지 넘어야 한계를 돌파할 수 있다.

물론 일점 집중이 하루아침에 되는 건 아니다. 얼마간의 훈련과 성공 경험이 쌓여 가면 나중엔 의식적인 노력 없이도 절로 된다. 공부에 집중하다 계란 대신 시계를 삶아 버렸다는 뉴턴의 일화처럼, 당신도 시계를 삶을 정도의 집중력이 생긴다.

∷ 일점 집중력 강화를 위한 마음 자세

초심으로 돌아가라
선뜻 일점 집중의 모드에 들지 못하면 내가 처음 공부하려고 마음먹었을 때의 흥분, 결의, 다짐, 꿈 등을 떠올리며 초심으로 돌아가라.

사전 준비를 해 두어라
필요한 자료를 다 찾아 손 닿는 곳에 두어야 한다. 모처럼 집중 모드에 들어갔는데 자료 찾느라 일어섰다간 그만 흐트러질 수도 있기 때문이다. 잡념은 언제나 작은 틈을 파고든다.

용서하라
집중이 힘든 이유 중 하나는 '화가 나는 일' 때문이다. 공부하는 데 지장을 준 모든 일이, 사람들이 화나게 만든다. 그럴 땐 용서해야 한다. 나를 위해. 오죽하면 그런 짓을 했을까, 안됐다, 불쌍하다. 녀석도 지금쯤 불안에 떨고 있을지 모른다. 이렇게 생각하고 심호흡으로 상기된 흥분을 가라앉혀라.

잊어라
의식하고 외워야 할 것 외엔 모두 잊어라. 친구 이름도, 공부 잘하는 사람이 때론 멍청하게 보이는 건 이 때문이다. 내가 하고자 하는 것 외엔 전부 잊는 것, 이게 일점 집중력이다.

세 번째_
생각과 감정을 깔끔하게 정리하는 순간 전환의 비법

공부와 상관없는 생각과 감정은 학습을 방해한다. 지금 하고 있는 것이나 앞으로 해야 할 것과 관련이 없는 생각은 다른 상자에 넣어 뚜껑을 닫아야 한다. 그리고 새로운 생각을 담을 상자의 뚜껑을 연다.

이것을 순간 전환의 기술, 컴파트먼트(Compartment)라고 한다. 새로 익힌 학습 정보를 마치 벌집처럼 독립된 하나하나의 방에 따로 넣는다. '컴파트(Compart)'는 이웃 방을 방해하지 않는다.

헌 생각을 접고 새로운 생각의 방을 여는 것이 말처럼 쉬울 리 없다. 책상에 앉아 잡념을 떨쳐 내려 하면 할수록 공부와 상관없는 생각이 자꾸 떠오른다. 이때 필요한 것도 앞서 말한 명상이다. 자세를 바로잡고 딱 1분 정도만 명상을 해 보자.

조금 전에 공부했던 과목의 잔상이 계속 머릿속에 남아 지금 보고 있는 내용에 대한 집중을 방해하기도 한다.

'애써 공부한 걸 잊어버리면 어쩌지?'

사람들은 공부한 걸 다 기억해야 한다고 생각한다. 하지만 그건 욕심일 뿐 뇌는 그렇게 되어 있지 않다. 지금 하는 공부에 집중할 때는 그 전에 한 공부는 잊어버리게 되어 있다. 그래야 지금 공부에 집중할 수 있기 때문이다. 둘 다 하려면 어느 것 하나도 잘 안 된다. 지금 하는 공부에만 집중해라. 그 전 것은 과감히 잊어도 된다. 잊어버린 것은 다음에 또 하면 된다. 방금 전 공부한 내용이 자꾸 떠올라도 일단 생각을 끊어 버려라. 나중에 복습하면 절로 알게 될 것이다. 그리고 그런 생각을 떠올리게 하는 것들을 눈앞에서 치워라. 지금 봐야 하는 것만 딱 눈앞에 놓자. 필기 노트도 과목별로, 항목별로 따로 준비하거나 경계를 두어 지금 적고 있는 노트에서 조금 전 공부한 내용이 보이지 않도록 한다.

공부방 환경을 바꾸는 것도 도움이 된다. 공부할 때 유혹이 될 만한 것은 아예 치우는 것이다. 공부하다 말고 문득 침대가 눈에 들어오면 눕고 싶고 괜히 졸린다. 혹은 오디오를 보며 음악이나 틀어 볼까? 하다가 정말 음악만 듣는 경우도 생긴다. 이렇듯 한순간의 시선이 우리의 1시간을 빼앗을 수 있다. 공부 생각은 날아가고 딴생각이 머릿속을 점령해 버린다. 이런 상황을 피하려면 시야에 공부와 상관없는 것들이 포착되지 않도록 해야 한다.

다음, 자신의 공부 습관은 어떤가? 혹시 바닥이나 침대에 엎드려 공부하지는 않는가? 잠깐은 편할지 모르지만 이런 습관은 공부에 방해가 된다. 누우면 잠과 연계되는 게 뇌의 자연스러운 연쇄 반응 현상이다. 공부 생각만 할 수 있는 공간에서 바른 자세로 앉아 해야 한다.

생각을 정리하는 것만큼 중요한 일이 감정을 정리하는 것이다. 공부는 머리로만 하는 것이 아니라 감정과도 깊은 연관이 있기 때문이다. 감정 상태가 뒤숭숭하면 공부가 될 리 없다.

시험 점수가 형편없이 낮아 속상할 때 필요한 것은 좌절이 아니라 자신감 회복이다.

"괜찮아. 다음엔 잘할 수 있을 거야!"

"이번의 실패를 교훈 삼아 다음에 똑같은 실수를 범하지 않도록 해야지!"

"난 할 수 있어!"

큰 소리로 외쳐 보자. 수많은 위인도 실패에 좌절하지 않고 이를 극복해 끝내는 큰 성공을 거두었다는 것을 명심하자.

가슴이 답답할 때는 방 안에만 있지 말고 잠시 나들이를 해 보는 것도 좋다. 시원한 바람을 쐬고 기분 전환이 될 만한 무언가를 해 보자. 운동을 하거나 사람을 만나거나 맛있는 걸 먹는 등 기분이 좋아질 만한 걸 해라.

때로는 분노, 흥분 등의 격정적인 감정에 휩싸일 수도 있다. 일단 조용히 심호흡을 하고 마음을 가라앉혀야 한다. 차분한 음악을 듣거나 산책을 하자. 화나게 한 사람을 용서하자. 나를 위해.

감정과 생각의 전환이 말처럼 쉬운 일은 아니지만 의식적으로 노력하다 보면 일종의 습관이 된다. 어른은 학생들처럼 공부가 주업인 것도 아니고 주위에서 공부하라며 배려해 주지도 않는다. 결국 자기 스스로 배려해야 한다. 공부할 때는 공부 말고 다른 것에 신경 쓰지 않도록 상황을 정리하고, 생각과 마음을 정리해서 불안한 감정의 매듭을 지어야만 한다.

네 번째_
하루를 48시간처럼 쓰는 시간 창출의 비법

하루가 48시간이었으면 하는 생각을 더러 해 봤을 것이다. 바쁘다. 시간이 없다면 공부 시간 창출의 기술이 필요하다.

우선 어떻게 공부 시간을 늘릴 수 있는지 우리의 하루를 돌아보자. 먹고 자는 등 생존에 필요한 시간, 업무 및 출퇴근 시간, 퇴근 후 가족과 함께하는 시간 등 하루 24시간을 살펴보면 낭비하는 시간이 얼마나 되는지 알 수 있다. 공부를 하려면 이렇게 새는 시간을 잡아야 한다.

뇌과학에서 추천하는 가장 간단하고 효과적인 시간 창출의 방법은 아침 일찍 일어나는 것이다.

Short Sleep – Early Up – Power Nap

이것이 수면 과학에서 추천하는 건강과 성공에의 지름길이다. 아침 일찍 일어나 밤잠을 줄이되, 낮잠으로 보충한다. 기상 시간을 1시간만 앞당겨 보라. 도시의 출근길은 10분이 다르다. 1시간 일찍 일어나면 지하철에서 앉아 공부하며 갈 수 있다. 그래서 또 1시간을 번다. 결국 아침 1시간은 2시간의 여유를 만든다. 그리고 아침의 1시간은 나른한 오후의 2시간과 효율 면에서 맞먹는다. 이렇게 따져보면 아침 1시간은 효율 면에서 3시간이 된다. 1시간만 일찍 일어나라. 운명이 바뀐다.

이건 과장이 아니다. 이런 계산을 해 보자. 1시간 일찍 일어나면 2시간의 여유가 생긴다. 매일 2시간으로 할 수 있는 일을 계산해 보자. 책 1권 읽는 데 5시간, 1년이면 150권을 읽을 수 있다. 어떤 분야든 관련 서적 150권을 읽으면 전문가가 된다. 포르노만 본다 해도 섹스 전문가가 될 수 있다.

다음, 대개 자격증 이수는 400시간 과정으로 짜여 있다. 1년 730시간이면 자격증 2개를 딸 수 있다. 운명이, 아니 인생이 달라진다는 말이 결코 과장이 아니다.

아침은 깨어나는 시간, 우리 몸도 힘찬 하루의 출발을 위해 시동을 건다. 동공도 커지고 체온, 혈압, 맥박, 우리 몸의 모든 호르몬도 활동을 개시한다. 《아침형 인간》이라는 책이 그냥 나온 게 아니다. 시간의 효율성을 생각할 때 이보다 이상적인 인간형도 없다. 성공한 사람들은 하루 중 이 시간이 제일 여유롭다.

물론 '저녁형 인간'도 있다. 습관이 되어 버린 사람도 있고 직업상 그래야 하는 사람도 있다. 하지만 시간의 효율을 따져 볼 때 밤 3시간이 아침 1시간만 못하다. 요즈음 기업인이나 사회인들의 조찬 미팅이 많아지고 있는데, 이 시간대가 가장 효율적이라는 걸 경험으로 알기 때문이다.

일찍 일어나려면 늦어도 12시 전에는 자야 한다. 성인의 평균 수면 시간은 7시간 30분 정도지만 성공적인 인생을 살고 싶다면 잠은 6시간이면 충분하다. 수면학계의 보고에 의하면 이만큼만 자도 생리적으로 전혀 문제가 없다. 이른 기상으로 피곤이 온다면 점심 식사 후 15~20분간 낮잠을 자 두자. 낮잠의 효과는 굳이 설명할 것도 없다. 한마디로 사뿐하다.

공부할 시간을 만드는 또 하나의 방법은 공부할 분량을 정하고 계획을 세우는 것이다. 이렇게 하면 공부를 하면서 시간을 낭비할 일이 없다. 우선 공부를 시작하기 전 목표 학습량과 사용할 수 있는 시간을 대충 계산해 보자. 챕터별로 혹은 항목별로 시간 배분을 적당히 한 다음 전체 범위를 눈으로 쭉 훑어본다. 일단 전체 내용에 눈을 걸쳐 놓으면 본격적으로 머리가 돌아가기 전 뇌가 어떻게 공부해야 할지 작전을 세운다. 일점 집중력을 위해서라도 이건 필수적인 과정이다.

시간을 배분하고 개략적으로 어떤 내용인지 파악했다면 내용을 이해하는 단계로 넘어간다. 시간에 쫓길수록 중요한 내용을 이해하고 넘어가야 한다. 그것이 결국에는 시간을 절약하는 방법이다. 이때 유념해야 할 점은 한 번 읽어 이해가 안 되는 부분은 포기하고 건

너뛰어야 한다는 것이다. 이해하지 않고는 다음 진도가 안 나가는 부분이라면 전문가에게 물어서라도 이해하고 넘어갈 수밖에 없다. 그게 아니라면 과감하게 포기하고 넘어가자. 그리고 책에 원래부터 따로 번호까지 붙여 가며 박스 처리한 내용들은 일단 나중에 따로 외우기로 하고 건너뛰어라. 얼마나 잘 건너뛰느냐에 공부의 성패가 달려 있다.

시간 절약만큼이나 중요한 게 시간을 줄이지 않는 것이다. 무슨 소리냐고? 시작하는 시간을 자꾸 미뤄서 공부 시간 자체를 줄이지 말라는 뜻이다. 생각이 나면 즉시 시작하자. 미루지 말자.

공부하기 전 우리가 흔히 쓰는 수법들.

'지금이 4시 10분 전이니까 4시부터 시작해야지!'

'딱 5분만 더 있다가……'

'이 프로만 마저 보고……'

미룰 것이 따로 있지 공부는 아니다. 당장 해야 한다. **미리 공부 시간을 정해 놨다면 그 시간에 딱 책상 앞에 앉아라. 미루지 말고 당장 시작해라.**

10분만 더 있으면 4시가 되니까 4시 정각에? 그렇게 하면 머릿속도 정리되고 공부에 집중이 더 잘될 것 같은가? 이게 시간의 함정이다. 계속 놀고 싶은 잠재의식이 시간을 가지고 잔꾀를 부리는 것이다. 지금의 10분이 공부의 결과를 좌우한다.

시간을 아끼려면 장소와 공간을 최대한 활용해야 한다. 어디에서든 구애받지 말고 책을 펴라. 화장실에 갈 때도 물론이다. 거긴 조용한 데다 완벽하게 혼자만의 공간이다. 중얼중얼 소리 내 책을 읽기도 좋고 외운 것을 되새김질하기도 좋다. 출퇴근 시간, 멀뚱멀뚱 앉아 앞사람 얼굴만 보지 말고 책을 보자. 운전 중이라면 어학용 CD를 틀어 놓거나 금융 상식, 시사 정보 등을 전달하는 라디오 프로그램을 듣는 것도 좋다. 이렇게 토막 시간이 모이면 꽤 쏠쏠하다.

언젠가 '나는 하루에 몇 시간의 공부를 할 수 있을까?' 실험해 본 적이 있다. 실험 전날 밤에 읽을 책을 준비하고 당일 여느 때처럼 아침 일찍 일어났다. 샤워 전에 책을 펼쳐 대충 읽고, 씻으면서 읽은 내용을 머릿속에 떠올렸다. 아침 식탁에서도 잠깐 들여다보고 대중교통을 이용해 출근하면서 책을 봤다. 업무 중간에 잠깐 틈이 날 때마다 책을 읽었고, 회의 중에는 탁자 밑으로 책을 펼쳐 놓기도 했다. 약속 장소로 이동하는 동안에도 책을 읽었다.

드디어 밤 11시 30분, 하루 종일 들여다봤더니 책이 지겹기도 하고 잘 시간이기도 해서 책을 덮고 곰곰이 그날의 독서 시간을 따져 봤다. 토막 시간까지 모두 합쳐 보니 14시간이라는 어마어마한 결과가 나왔다. 그 시간 모두 온전히 책에 집중한 것은 아니지만, 바쁜 와중에도 얼마든지 공부에 투자할 수 있는 시간은 만들 수 있다는 결론을 내렸다.

시험을 앞둔 사람이라면 14시간이면 벼락치기를 하고도 남는 시간이다. 14시간까지는 무리일지도 모른다. 많이 깎아서 3분의 1 정도만 해도 어디인가? 하루에 4~5시간만 되어도 무언가 한 가지를 익히는 데는 충분하다.

다섯 번째_
긴장과 이완을 적절히 조화시키는 휴식의 비법

가장 중요하고 긴 휴식은 잠이다. 시간 창출을 위해서도 효율적인 수면이 필요하겠지만 제대로 잠을 자야 학습력이 높아진다.

하루의 바이오리듬은 90분을 1주기로 고저가 있는데, 90분의 높은 활동 주기 다음엔 10분 정도의 낮은 휴식 시간이 필요하다. 이런 주기는 물론 자는 동안에도 진행된다.

하룻밤 8시간의 수면은 90분 단위로 5주기가 진행된다. 초저녁잠이 제일 깊은 3~4기의 수면이며, 새벽으로 갈수록 1~2기의 얕은 수면으로 진행된다. 새벽잠은 얕아 몸부림도 많고 자주 깬다. 꿈자리도 사납다. 그래서 수면 전문가들은 2시간 정도의 새벽잠은 질적으로 불량한 수면이어서 안 자도 그만인 '장식용 수면'이라 부른다. 초저녁 양질의 '의무적 수면'과는 대조적이다.

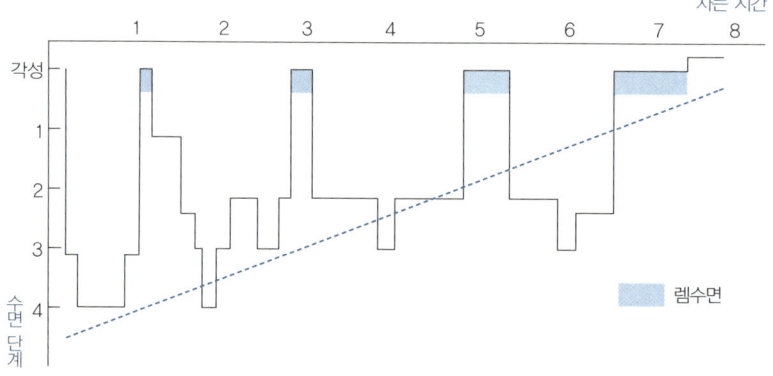

▶90분 단위의 수면 주기
(W. C. Demnt, 1969)

※ 90분 단위의 수면 주기가 하룻밤에 4~5회 반복된다. 초저녁잠이 제일 깊고, 새벽이 되면 얕아진다. 새벽에는 몸부림이 늘어나고, 밖의 소리가 들린다. 1주기 종료시 렘수면이 일어나는데, 4~5회 반복되며 새벽에는 증가한다. 새벽잠은 불량한 수면이다.

그렇다면 꼭 자야 하는 의무적인 필수 수면 시간이 절로 계산된다. 새벽잠 2시간을 생략한 6시간이면 충분하다. 깊은 양질의 수면 6시간이면 생리적으로 아무 문제가 없다는 게 수면 연구의 결론이다. 그리고 짧은 낮잠 15~20분. 이것이 이상적인 '수면 활동 리듬'이다.

물론 잠을 너무 줄여도 안 된다. 신체적 건강뿐 아니라 자는 동안 기억을 정리하는 뇌의 작업을 방해하기 때문이다. 학자들은 이를 잠의 학습 효과라고 부르며 많은 연구를 해 왔다. 특히 꿈은 정신 피로 회복에 큰 역할을 하는 동시에 학습 효과와도 밀접한 연관이 있다. 수면은 새로운 정보를 정리해 기억을 강화하는 데 필수라는 게 학자들의 공통된 연구 결과다.

미국의 스틱골드는 2000년 《인지신경과학》에 '새로운 지식이나 기법을 몸에 익히려면 기억한 그날 6시간은 자야 한다'는 주장을 발표한 바 있다.

수면 과학자들이 밤잠 6시간을 권하는 것과 일치한다. 잠을 자지 않으면 기억은 며칠 후 사라져 버린다. 잘 자고 나면 이튿날 이해도 빨라지고 모르던 것도 알게 된다. 이를 잠의 추억 현상(Reminiscence)이라고 한다. 추억 현상이란, 학습된 것이 얼마간의 시간이 경과되어야 활용하기 쉬운 나만의 것으로 숙성되는 것을 말한다. 아무리 공부해도 잘 모르던 것을 며칠 후 거짓말처럼 알게 되는 현상도 같은 기전이다. 이는 자고 있는 동안 기억이 정리 정돈되어 그 후의 학습이 쉽도록 도와준 결과다.

금방 익힌 지식보다 머릿속에서 얼마간 묵은 지식이 훨씬 고도화되어 활용도가 높아진다. 한목에 하는 공부보다 평소에 나누어 조금씩 하는 공부가 더 잘되는 까닭이 이해되었을 것이다. 자는 동안 기억이 잘 정리 정돈되어 다음 학습이 쉬워진다. 단, 그 효과는 즉시 나타나지 않고 며칠 지난 후에야 확인된다. 장기 기억은 시간이 걸려 숙성되는 와인과 같기 때문이다.

밤잠은 짧게, 그러나 6시간은 자되 낮잠을 자라. 낮잠을 자고 나면 몸이 가뿐하고 기분이 좋아진다. 오후의 업무 능률도 오른다. 낮잠은 밤에 숙면을 취하는 데도 도움이 된다. 잠이 안 올 경우, 낮에 좀 잤으니까, 한결 안심이 되어 편안하고 자연스럽게 잠에 빠져든다. 서울수면센터의 보고에 의하면 놀랍게도 수도권 직장인의 50%가 15분가량의 낮잠을 잔다고 한다.

짧은 낮잠에도 뉴런 생성에 필요한 성장 호르몬이 분비되고 해마의 기억파로 알려진 세타파도 나타나, 사람의 몸을 고요하고 편안하게 만들어 기억이나 주의 집중력이 향상된다. 기분이 사뿐하다. 아침잠에서 깨어난 것처럼. 낮잠은 하루에 두 번의 사뿐한 아침을 만들어 준다. 능률이 오를 수밖에 없다.

단, 오래 편하게 자면 안 된다. 제대로 이불 덮고 몇 시간을 자면 '지금이 밤인가?' 하면서 뇌가 아예 밤의 리듬으로 돌아간다. 일요일 늦잠을 실컷 잔 후 머리가 띵하고 몸살이라도 난 듯 기분이 좋지 않은 것은 생리적으로 한밤중에 일어난 것과 마찬가지이기 때문이다. 낮잠은 15~20분이 이상적이다. 현실적으로 새우잠을 잘 수밖에 없지만 휴식의 효과로는 충분하다.

깨어 있는 동안의 짧은 휴식도 중요하다. 90분을 주기로 오르내리는 바이오리듬의 최저점(활동 곡선이 가장 낮은 시점)엔 휴식을 취하는 것이 생리적인 면에서도 효율적이다. 이때는 의식적으로 휴식을 취하지 않아도 몸이 알아서 활동을 줄인다. 휴식 없이 강행군을 하려고 해도 몸이 효율성을 떨어트려 휴식을 취하게 만든다.

공부에는 무서운 집중력이 필요하기에 긴장과 긴장 사이에 짧은 휴식을 취해야만 지치지 않고 지속적으로 집중할 수 있다. 학교 수업 시간이 45~50분인 것도 그래서다. 이 잠깐의 휴식이 없으면 학생들의 몸은 7~8교시까지 이어지는 수업을 감당할 수 없다. 긴장과 이완을 적절히 아우르는 기술, 이것이 휴식법의 핵심이다.

몸도 마음도 긴장과 이완의 균형 잡힌 반복을 좋아한다. 공부의 긴장, 휴식의 이완이 적절할 때 우리 뇌가 최고의 컨디션을 유지할 수 있다. 공부할 때는 사고력과 기억력이 중심이 되므로 전두엽과 측두엽, 해마의 연계 활동이 가장 활발하다. 이해나 문제 풀이 등 사고력을 동원해야 할 때는 전두엽과 측두엽이 합동 작전을 펼치고, 기억을 주도해야 할 때는 측두엽과 해마가 짝을 이루어 활동한다. 공부할 때는 이 세 부위가 주로 긴장하며, 다른 뇌 부위의 활동은 억제된다.

휴식을 취해야 하는 이유는 공부에 동원된 부위의 긴장을 풀기 위해서다. 뇌에서 계속 같은 회로를 맴돌면 지치기도 하고 권태롭기도 하다. 좋은 아이디어가 떠오를 수도 없다. 이 부위가 쉬는 동안, 활동을 못했던 억제된 다른 부위들이 자유롭게 활동하게 된다.

휴식을 취하려면 일단 공부로부터 떠나야 한다. 책을 덮고 책상을 떠나 보자. 공부로부터 떨어져 있다 보면 휴식 중에도 계속 무언가를 작업하던 잠재의식이 좋은 아이디어를 내놓기도 한다. 공부하라고 뇌에서 조종하지 않고 편하고 자유롭게 있다 보니 창의적인 생각이 떠오르는 것이다.

이것은 의식적인 노력으로 나오는 것이 아니다. 그냥 멍청하게 있을 때, 어슬렁거릴 때, 마음에 공백이 생길 때, 무료할 때 등 어느 한 순간, 문득 기발한 발상이 떠오른다. 이게 잠재의식의 기능이다. 왜냐하면 뇌는 이렇게 멍청한 상태일 때 그 공백을 메우려는 본성이 있기 때문이다. 잘만 쉬면 휴식하는 동안 더 큰 소득을 얻을 수도 있다.

이 잠깐의 휴식에는 테크닉이랄 게 달리 없다. 그냥 편하게 있으면 된다. 일어나 서성거리거나 창을 열고 하늘을 쳐다보며 바깥 공기를 마신다. 따끈한 차 한 잔을 마시며 느긋하게 쉬거나 잠깐 누군가와 편안한 대화를 나누는 것도 좋겠다. 가볍게 스트레칭을 하며 몸도 풀어 보자. 세로토닌도 분비되고 찌뿌드드했던 어깨도 시원해지고 일석이조다.

:: 성공하는 사람은 짧고 깊은 잠을 잔다

우린 지금도 일찍 자고 일찍 일어나야 한다는 주문을 외우고 있다. 그러나 내가 추천하는 취침 시간대는 밤 10~11시. 보통대로 자고 대신 아침 일찍 일어나자는 거다.
90분 1주기를 더 혹은 덜 자는 사람이 있다. 9시간 이상 자는 사람을 **롱 슬리퍼**(Long Sleeper), 6시간 미만인 사람을 **쇼트 슬리퍼**(Short Sleeper)라 부른다. 이들은 어떤 차이가 있을까?

▶롱 슬리퍼 vs 쇼트 슬리퍼

롱 슬리퍼 : 9시간 이상 수면	쇼트 슬리퍼 : 6시간 이하 수면
더 자주 깬다 1~2기 수면이 증가 렘수면 증가 3~4기 수면은 비슷 심장병 발병률 2배 사망률 3.5배	깊은 수면 성격 : 야심적, 적극적, 정력적

※ 평균 수면은 7시간 30분. 1주기(90분)를 덜 자는 사람과 더 자는 사람은 각각 전체 인구의 5%.

길게 잘수록 불량한 수면만 늘어날 뿐 깊은 의무적 수면은 비슷하다는 게 특징이다. 거기에 비하면 쇼트 슬리퍼는 성격적으로 도전적이고 적극적이며 사교적이고 창조적이다. 누가 인생에서 성공적일 것인가는 이 표만 봐도 알 수 있다. 양 그룹에 해당되는 사람이 각 5%쯤으로 추산된다. 이를 통해 소위 성공한 사람이 사회 전체의 5% 미만이라는 이유를 짐작할 수 있다.

잠을 억지로 참으면 역효과
물론 지나치게 적게 자는 것도 건강을 해친다. 수험생들 사이에선 '4당5락'이라는 신화가 떠돈다. 4시간 자면 붙고 5시간 자면 떨어진다는 것인데, 이건 생리적으로 불가능한 이야기다. 하루 이틀 공부하고 끝나는 시험이라면 밤샘도 할 수 있다. 물론 이 경우에도 새벽 1~3시엔 눈을 붙여야 한다. 생리적으로 모든 기능이 최저로 떨어지기 때문이다.

사람이 죽는 것도 이 시간대가 제일 많다. 장기간 4시간 수면으로는 사람이 견디질 못한다. 체력적으로 버텨 내기도 힘들거니와 설령 그게 가능하더라도 머리가 안 돌아간다. 물론 기억도 안 되고.

졸린 걸 억지로 참고 공부하면 절대적으로 역효과다. 신경 회로가 거의 쉬고 있는 상태라 돌아가지 않는다. 그런데도 책상 앞에 붙어 앉아 공부를 했으니까 '공부한 셈치고' 앞으로 나간다. 하지만 머리에 남는 게 없다. 졸린 상태에선 해마의 활동이 특히 저하되기 때문에 기억도 안 된다.

성공하려면 '토막 잠'을 자라

졸릴 땐 자야 한다. 토막 잠이라도 좋다. 몸이 피곤하면 큰대자로 잠시 누워라. 물론 아주 잠들어선 안 된다. 실제로 성공하는 사람들은 **토막 잠**의 달인이다. 틈만 있으면 잔다. 깨어 있어야 별 흥미로울 게 없다는 생각이 들면 아무 때나 잔다. 그만큼 시간을 효율적으로 쓰고 있다는 증거다. 물론 이들은 밤잠 6시간에 얽매이지 않는다. 융통성이 있다. 아주 바쁠 땐 더 줄이기도 한다. 대신 토막 잠으로 보충한다.

같은 조건, 같은 능력이라면 남은 건 시간 싸움이다. 누가 효율적인 시간을 오래 쓸 수 있느냐다. 어느 분야에서 성공한 사람이건 99%는 쇼트 슬리퍼라는 게 성공 사례 분석의 결과다.

_여섯 번째_
필요한 정보만 골라 담는 정보 습득의 기술

공부의 첫 번째 단계는 정보를 습득하는 것인데, 이는 주로 학교나 학원 강의 혹은 책을 통해 이루어진다.

그중 가장 기본적이고 보편적인 방법은 책 읽기이지만, 무조건 읽는다고 내용이 내 것으로 되진 않는다. 불필요한 정보에 밀려 핵심을 놓칠 수도 있고, 습득한 정보를 금방 잊어버릴 수도 있기 때문이다.

게다가 우리는 시간도 절대적으로 부족하다. 책의 첫 페이지부터 마지막 페이지까지 꼼꼼히 읽을 시간이 없다. 따라서 꼭 필요한 정보만 골라내 선택적으로 습득해야 한다. 읽기에도 기술이 필요하다는 얘기다. 창조적 압축 공부를 위한 독서의 기술, 바로 창조적 독서법이다.

대충 읽기

시간은 부족하고 봐야 할 것은 많은데 처음부터 끝까지 꼼꼼하게 읽는 것은 무리다. 물론 정보 습득의 효율성도 떨어진다.

책을 샀으면 일단 목차를 읽어 보고 전체를 파악한다. 분량을 가늠한 후 어느 정도의 시간에 걸쳐 읽겠다는 목표를 정하자. 시간제한을 두지 않으면 불필요한 부분까지 읽게 되어 진도가 제대로 나가지 않는다. 제한 시간에 맞추려면 당연히 모든 내용을 꼼꼼하게 읽을 수 없다.

공부는 핵심만 파악하면 된다. 많이 읽는 것이 중요한 게 아니라 핵심을 내 것으로 만드는 일이 중요하다. 대충 훑어보다가 어려운 부분은 건너뛴다. 시간이 없다. 중요하다고 생각되는 부분만 자세히 읽자. 대충 읽기의 핵심은 읽는 속도에 완급을 두는 것이다.

빨리 읽다가 중요한 부분을 놓치면 어쩌나 하며 불안해할 필요는 없다. 그런 두려움 때문에 속도를 늦추기보다는 짧은 시간에 많이 읽는 편이 더 낫다.

밑줄 그으며 읽기

읽다가 중요하다고 생각하는 부분에는 밑줄을 그어라. 밑줄을 긋는 데에도 속도가 필요하다. 자 대고 예쁘게 그으려고 하면 시간 낭비. 나만 알아보면 된다. 중요한 부분이 많으면 일일이 밑줄을 긋지 말고 전체 부분에 네모 같은 것을 쳐 두자. 내용의 중요도에 따라 별표 몇 개 등으로 구분해 두면 복습할 때 시간을 절약할 수 있다. 시간이 없을 때 별표 많은 부분만 다시 읽으면 된다. 낙서도 좋고 책장을 접어 두는 것도 좋다.

책은 아껴 보는 것이 아니다. 특히 공부용 책은 깨끗해서는 안 된다. 하도 읽어서 너덜너덜해진 책을 보면 그만큼 열심히 공부했다는 성취감이 생기지 않는가. 밑줄과 네모로 지저분한 책은 그만큼 열심히 공부했다는 증거다. 이렇게 지저분한 부분은 외우기도 쉽고, 시험 때 낙서한 것까지 이미지로 떠올라 답이 쉽게 떠오른다.

저자와 토론하며 읽기

수업을 들을 때 집중하는 방법 중 한 가지는 선생님의 질문에 대답을 하거나 역으로 질문을 하며 대화하는 것이다. 한 가지 주제를 놓고 토론하다 보면 공부한 내용을 이해하기도 쉽고 기억에도 오래 남는다.

혼자 공부할 때도 대화를 나눌 상대가 있다. 읽고 있는 책의 저자다. 말로 할 수도 있고 의견을 여백에 적어 볼 수도 있다. 내용을 읽으면서 저자의 생각에 동의하면 "그래, 맞아" 하면서 고개를 끄덕이기도 하고, 이해가 안 되면 고개를 갸우뚱하며 "왜 이런 답이 나오는 걸까요?" 하고 질문을 해 보자. 책의 내용에 대해 납득이 되지 않을 때는 주저 없이 반론을 제기하고 내 생각도 적어 보자. 그러다 보면 집중도 잘되고 필요한 정보와 불필요한 정보가 절로 구분된다. 이러는 과정에서 공부가 절로 된다.

듣고 읽은 걸 그대로 입력해선 안 된다. 내 기존 지식을 동원해 비판, 보완하고 새로 편집, 요약한 걸 선택적으로 입력해 기억 창고에 저장해 두어야 한다. 이게 크리에이티브 리딩(Creative Reading), 크리에이티브 리스닝(Creative Listening), 창조적 입력이다.

메모하며 읽기

읽다 보면 뇌가 자극받아 여러 가지 생각이 고구마 줄기처럼 떠오를 때가 있다. 그 생각들을 여백에 가볍게 적어 둔다. 이렇게 적은 메모들은 나중에 응용하는 데 밑거름이 된다. 정갈하게 적으려 하지 마라. 자신만 알아보면 된다. 글자만 적을 것이 아니라 생각나는 그림을 그려 보고 표도 만들어 보자. 낙서를 해도 좋다. 이미지 연상 작용으로 더욱 쉽게 각인될 것이다.

다시 읽기

책을 읽고 나면 마치 그 내용을 다 이해한 것 같은 기분이 든다. 하지만 이건 착각이다. 단 한 번에 내 것이 되는 정보는 흔치 않다. 반드시 다시 읽어야만 한다.

다시 읽을 때는 책장을 처음부터 넘길 필요가 없다. 중요하다고 접어 놓은 부분 위주로 읽어 본다. 중요한 부분만 두 번 세 번 읽다

▶ 나선형 반복 암기법

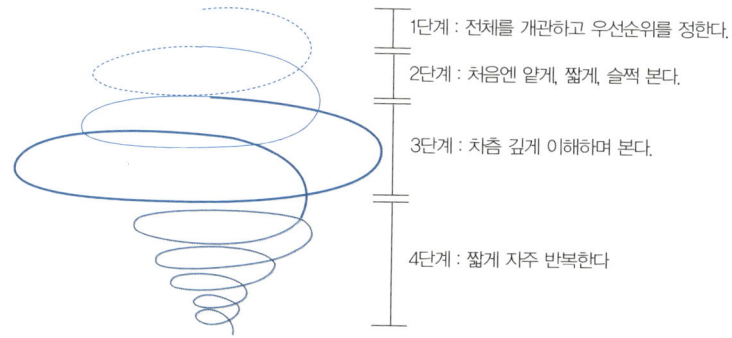

보면 그 책의 핵심을 완벽하게 파악, 암기할 수 있다. 자꾸 읽다 보면 책장을 넘기는 속도도 빨라진다. 이해의 속도, 기억의 속도에 가속이 붙는다.

　꼼꼼하게 한 번 읽는 것보다 이렇게 여러 번 읽는 것이 학습에는 더 효과적이다. 책이 너덜너덜해질 때까지 읽고 또 읽어라. 책의 내용을 내 것으로 만들었을 때 비로소 책은 보물이 된다. 귀중한 보물을 여러 번 닦듯이 여러 번 넘겨라.

::다독(多讀)을 위한 창조적 점독법

체계적으로 전체를 꼼꼼하게 정독해야 하는 수험서와 달리 가볍게 하는 독서에는 **창조적 점독법**을 추천한다.

물론 재미나 교양으로 읽는 것보다는 다소 수준 높은 전문 지식을 요하는 분야다. 무엇보다 책의 내용은 이미 대충 알고 있다. 그런데 왜 읽느냐고? '이 책에 새로운 게 있나', '재미있는 자료가 있나', '보다 쉽게 설명이 잘돼 있나', '특정 문제에 대해 저자는 어떤 의견을 갖고 있나' 알기 위해서다.

책의 목차를 보고 마음이 가면 바로 사라

우선 목차를 훑어보면 대개 낯익고 엇비슷한 것이지만 눈에 띄는 몇 군데가 있다. 그 페이지를 열어 본다. 좋다는 감이 들면 바로 산다. 이게 중요하다. 일단 사야 한다. 단 한 줄이 도움 되더라도 산다는 자세가 중요하다. 책만큼 싼 게 세상에 어디 있어? 저자가 몇 년에 걸쳐 공부한 진수를 고생하지 않고 살 수 있는데. 정말이지 책 사는 데만은 아끼지 말아야 한다. 언젠가 그 책이 필요할 때 내 손에 있어야지 서점엔 다시 가게 되질 않는다. 절판이 되는 경우도 있고.

나는 일주일에 4~5권은 산다. 그중엔 몇 줄 읽다 말고 집어 던지는 것도 있고, 눈이 번쩍 떠지는 책도 있다. 아주 감탄을 한다. 좋은 책을 만나 저자와 두런두런 이야기를 하면서 메모도 하고 내 의견도 적고 하노라면 시간 가는 줄 모른다. 이 시간만큼 편안하고 행복한 순간이 또 있을까. 이런 양서는 두고두고 내게 좋은 지침서가 되고 자료집이 된다. 강연이나 저서 자료로 요긴하게 쓰인다. 짧은 시간에 마음이 풍성해지고 지식 부자가 된 것 같다. 이쯤 되면 공부만큼 좋은 휴식도 없다.

내가 전공하는 사회정신의학은 폭넓은 지식을 요구한다. 더구나 자연의학 캠프를 구상하느라 지난 20년간 읽은 책이 족히 1000권이 넘는다. 리듬, 식사, 운동, 스트레스, 감성, 영성, 명상, 뇌과학까지 정말 엄청난 분량을 읽고 소화해 내야 한다. 의사들마다 하는 말이 다르고 의학은 또 하루가 다르게 발전되어 가는데, 독서 말고 무슨 방법으로 따라갈 수 있겠는가.

메모하는 버릇을 들여라

사회정신의학을 전공한 이래 지난 40여 년간 내 옆에서 책과 메모 노트가 사라진 적이 없는 건 그래서다. 그 덕에 내가 여기까지 올 수 있었다. 서점을 어슬렁거리는 것만으로도 즐겁다. 예상 밖의 제목이나 목차를 훑어보고 좋은 아이디어가 떠오를 때도 있다.

강의를 들을 때나 일상적인 대화 중에도 메모하는 버릇은 저자와 토론하며 책의 여백에 낙서하듯 써넣는 버릇에서 생겨났다. 난 평생 일기를 써 본 적이 없고 노트 정리도 해 본 적이 없다. 하지만 창조가 생활이 되면서 책과 메모는 이제 내 분신처럼 되었다. 그리고 여기가 내 창조의 샘이다.

힐리언스 선마을 건강 캠프의 모든 생활 방식과 시스템도 책과 메모에서 나온 지식이다. 이걸 정리 요약해 동료들과의 검증을 거쳐 실험해 본 후 새로운 시스템을 탄생시킨 것이다. 50권이 넘는 책을 낼 수 있었던 것도 창조적 점독의 생활화를 통한 다독의 습관이 바탕에 있었기 때문이다.

일곱 번째_
잊거나 깜빡하지 않게 하는 정보 기억의 기술

공들여 공부했는데 막상 시험지를 보니 정답이 떠오르질 않는다. 공부의 성패는 기억이 좌우한다. 문제는 이 기억이라는 것이 자꾸만 사라지려고 하는 습성을 지녔다는 점이다. 많이 오래 붙잡아 놓아야 하는데 쉽지가 않다.

이 기억이 쉽게 날아가지 않도록 신경 회로 속에 깊이 박아 놓는 방법은 없을까?

온몸을 동원해 기억하라

눈, 코, 입, 손과 발 등 온몸으로 하는 공부는 그 자체로도 신이 나기 때문에 지루하지 않고 주의 집중이 잘된다. 프로이트는 라틴어와 그리스어를 공부하면서 단어를 외울 때 손으로 벽을 두드리며 온 집 안을 돌아다녔다고 한다.

산만하게 보여도 이 공부법은 나름의 뇌과학적 근거를 지닌다. 소리와 함께 단어를 기억하면 2개 이상 복수의 회로가 형성되므로 나중에 기억을 재생해야 할 때 하나의 회로가 막혀도 다른 회로가 열려 쉽게 떠오른다.

유치원생들이 공부하는 모습을 지켜보자. 책을 펴고 조용히 집중하기보다는 노래하고 율동하면서 다양한 표정까지 만들어 낸다. 이것이야말로 완벽한 온몸 학습법이다.

감각 기관이 많이 동원될수록 뇌의 활성화 범위는 넓어진다. 눈으로만 읽을 때는 시각야(視覺野)만 자극되지만, 온몸 학습법은 뇌의 활동 범위가 넓어져 활성도를 높인다. 공부할 때 기억의 저장고가 활짝 열리도록 온몸으로 뇌를 자극하자.

일단 책을 읽을 때 소리 내 읽어라. 암창법(暗唱法)은 옛날 서당에서 사용하던 학습법이다. 스님들도 기본적으로 암창법으로 공부한다. 암창할 때는 눈으로 보고 허리를 꼿꼿하게 펴며 몸을 흔든다. 이렇게 리듬을 타다 보면 많은 감각 기관이 동원된다. 거기다 소리를 내서 읽으면 그 자체가 주의 집중을 하는 데 큰 몫을 한다. 눈으로 보고 소리 내 외우면 기억력이 34%나 증가한다는 오하이오 대의 보고도 있다. 암창법은 뇌과학적으로 증명되기 전부터 대물림해 온 인간의 경험적 지혜다.

귀로 듣는 내용을 손으로 써 보는 것도 좋다. 암기 공부를 할 때 손

▶자극을 많이 활용할수록 높아지는 기억 정착률

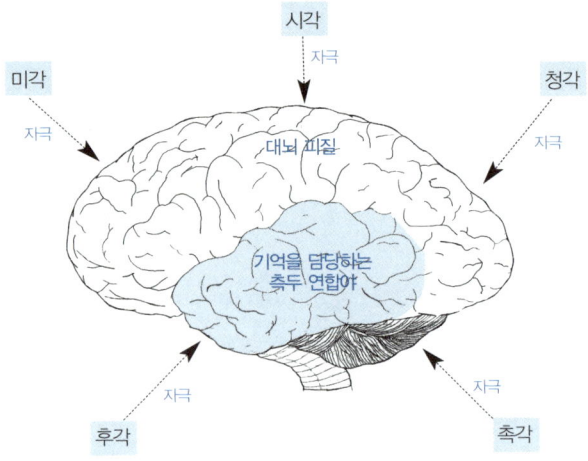

으로 몇 번이고 써 보는 것은 전통적이고 널리 알려진 공부법이다.

눈을 감고 외우는 것도 좋은 방법이다. 자극 차단으로 주의 집중이 쉽고 눈을 감으면 절로 이미지가 떠올라 기억의 재생이 쉬워진다. 그리고 공부하는 중간 중간 일부러 하품도 해 보고 기지개도 켜자. 하품과 기지개는 근방추를 자극해 망양체를 활성화시켜 사뿐한 각성이 촉진되며, 뇌파의 알파파와 세로토닌이 분비된다. 가급적 많은 자극을 활용하는 것이 기억의 정착률을 높인다.

기억과 감정을 연계해 기억하라

기억은 감정과 긴밀한 관련을 갖지 않을 수 없다. 뱀을 보는 순간, 사람들은 깜짝 놀라 달아난다. 이렇듯 강한 감정에는 측두엽이나 전두엽의 개입 없이 편도체에서 바로 결정하고 판단을 내려 즉각적인 행동을 취한다. 이것은 모든 동물이 지닌 개체 보존의 본능적 반응이다. 위험에 처하면 생존을 위한 즉각적인 반응이 필수다.

기억과 본능이 바탕이 된 즉각적인 판단을 뇌과학에서는 감정 기억이라고 한다. 그런데 이런 감정 기억이 위급 상황에만 발현되는 것은 아니다. 오히려 뇌의 본성은 좋은 걸 좋아하기 때문에 해마는 편도체가 좋아하는 기억에 더 민감하다.

나는 〈독립선언문〉을 외울 때 역사의 한 장면을 머릿속에 떠올리고 내가 실제로 독립투사가 된 듯 비분강개한 어조로 낭독하곤 했다. 때로는 눈물을 흘리기도 했다. 〈독립선언문〉이라는 단순한 의미 기억을 마치 나의 개인적 경험처럼 에피소드 기억화해 기억을 강고히 할 수 있었다.

우리가 우리말을 절로 배우게 된 것도 수많은 에피소드 기억 덕분이다. 아기가 칭얼거리면 엄마는 이렇게 달랜다.

"어이구, 우리 아기 화났어? 엄마가 뭐 해 줄까?"

아기는 당장에는 엄마가 무슨 말을 하는지 몰라도 이런 대화가 차곡차곡 쌓이고 상황과 감정, 언어가 반복되다 보면 절로 그 말의 의미와 형태를 기억하게 된다.

자연스럽게 떠오르는 기억은 대부분 인상 깊은 것이거나 나에게 꼭 필요하던 정보 등 특별한 것이다. 또는 최근 의식적으로 기억하려고 노력한 것들도 떠오른다. 이런 기억들은 대체로 내가 직접 경험한 에피소드 기억이어서 해마가 '이것은 꼭 저장하라'고 측두엽에 강한 신호를 보내 놓았기에 기억나는 것이다.

　기억의 이런 성질을 연합성(連合性)이라고 한다. 연합성을 이용하면 고구마 줄기처럼 어떤 하나의 기억만 잡아 뽑아도 다른 기억들이 따라 올라온다.

　그러나 에피소드 기억도 시간이 흐르면서 당시의 흥분이 가라앉으면 차츰 단순한 의미 기억으로 바뀌어 간다. 이 과정에서 있었던 사실이 영원히 그대로 기억되는 것이 아니고 차츰 변해 간다. 아내와의 첫 데이트 장소가 극장이었는지 공원이었는지의 기억이 불분명해지고, 심지어는 계절조차 매번 다르게 기억난다. 이를 기억의 편집이라 한다.

　기억의 이런 측면은 단순 망각과는 다른 차원에서 이해해야 한다. 망각이라기보다는 다른 에피소드 기억이 쌓이면서 변하는 것이다. '따뜻하다'는 말을 언제, 어디서, 누구에게서 배워 지금까지 기억하는가? 언제부터 우리에게 여러 가지 뜻을 품게 되었나? '따뜻한 날씨', '따뜻한 물', '따뜻한 인심' 등 같은 말에도 다양한 뉘앙스가 중층적으로 담겨 있다. 처음에는 엄마가 찬물을 따뜻하게 데워 준 에피소드 기억이 있었다. 이러한 에피소드 기억이 차츰 쌓이면서 서서히 우리 뇌 속에 중층적 의미가 개념화된다.

　왜 기억은 이렇듯 모호하게 변해 갈까? 한번 기억한 것이 그대로 남아 있으면 얼마나 좋을까? 공부하느라 고생하지 않아도 될 텐데. 그 물음에 대한 답은 여러 가지다.

　우선 하나의 뉴런이나 회로에는 많은 정보가 함께 실려 있기 때문이다. 하나씩 따로 실려 있으면 기억하는 데 혼란이 없을 테지만, 그러려면 뉴런이 턱없이 모자란다. 정신 경제상 여러 기억을 한군데에 실을 수밖에 없고 그러자니 기억들이 서로 엉켜 정확성이 떨어지고 모호해진다.

벼락치기로 공부해 본 사람은 기억이 서로 엉키는 것을 실감했을 것이다. 정답은 하나인데 떠오르는 답은 서너 가지다. 문제의 보기가 몽땅 정답 같기도 하고 모두 오답 같기도 하다. 그럴수록 마음이 더 급해진다.

하지만 기억의 변화는 인간이 인간스러울 수 있는, 특히 창의성과 관련된 중요한 기능이다. 처음에는 '아, 그때 이런 일이 있었지'라는 사실 그대로의 에피소드 기억이었다가 차츰 '그 일은 이렇게 생각해 볼 수도 있어'라는 기억으로 편집되면서 새로운 것으로 변해 간다. 여기서 창조라는 고차원의 기능이 생겨난다. 저장해 둔 정보가 인출될 때는 처음의 기억이 다른 정보들과 연합해서 재편성된다.

똑같은 곳으로 친구와 함께 여행을 다녀와도 저마다의 기억이 다르다. 시간이 흐를수록 더 달라진다. 여행이라는 같은 에피소드도 사람마다 그 의미가 다르기 때문이다. 이 사람에겐 쓰라린 기억으로, 저 사람에겐 달콤한 기억으로 저장된다. 같은 소설도 몇 년 후 다시 읽으면 처음과는 전혀 다른 느낌에 놀라게 된다.

결국 기억은 시간이 지날수록 재편집되고 재구성되는 것이다. 그 과정에서 새로운 생각이 붙고 필요 없는 기억이 떨어져 나가며 창의적인 아이디어를 만들어 내기도 한다.

기억의 편집은 의식적으로 '오늘은 이 기억을 이렇게 편집하자'고 해서 되는 것은 아니다. 잠재의식 속에서 진행된다. 깊은 심해의 물고기처럼 우리 눈에 보이지 않게 서서히 진행되는 것이 기억의 편집 과정이다. 이렇게 편집된 기억이 어느 날 섬광처럼 떠올라 막힌 문제가 풀린다. 기억이 창조라는 말을 잊지 말기 바란다.

학창 시절의 시험공부는 언어화된 기억을 재생하는 일이다. 물론 여기에도 기억의 편집 기능이 곁들면 더 좋은 성적을 거둘 수 있다. 반면 사회에서는 단순한 기억의 재생보다는 고도의 편집 능력, 즉 창의성이 요구된다. 정확한 기억만으로 창조를 할 수는 없다.

의지를 도구로 활용하라

무엇보다 공부에는 강한 의지가 필요하다. 이는 당연한 논리인데도 그렇지 않은 사람이 의외로 많다.

인간의 의지에 관한 재미있는 실험이 있다. 취업을 위해 명문 대학 학생과 무명 대학 학생이 비슷한 시간을 들여 영어 학원에 다녔다. 얼마 후 학습 결과를 보니 무명 대학 학생의 영어 실력이 월등히 좋았다. 그에게 영어 공부가 그만큼 절박했기 때문이다. 취업을 하려면 영어라도 잘해야 한다는 굳은 의지가 학습력을 높인 것이다.

의지가 강한 것은 좋지만 지나친 스트레스로 자신을 옥죄게 해서는 안 된다. 스트레스를 받으면 뇌에서는 이에 대항하려는 코르티솔을 분비하는데, 문제는 이것이 해마에 치명타를 입힌다는 점이다. 심하면 해마 뉴런이 사멸해 버리기도 한다. 과도한 스트레스로 해마가 14%나 위축되었다는 보고도 있다.

넘치면 모자라느니만 못하다. 의지력으로 기억력을 높이되, 그 의지가 스트레스로 작용하지 않도록 적당한 선을 유지해야 한다는 점을 명심하자.

먹으며 기억하라

공부할 때 커피를 적당히 마셔 보자. 커피는 도파민 신경을 자극하고 알파파를 형성한다. 커피 속의 트리고넬린은 대뇌 피질과 해마의 뉴런을 활성화시킨다. 카페인이 단기 기억력을 향상시킨다는 보고도 있다. 또한 껌을 씹으면 해마에 혈류량이 증가하고 세로토닌의 분비가 촉진되면서 기억력이 향상된다. 칼슘이 강화된 우유 한 잔도 불안 해소, 긴장 완화, 기억력 향상에 좋다.

콩과 두부 요리에는 뇌 세포의 주요 성분인 레시틴이 풍부하다. 레시틴은 뇌 신경 세포를 활성화시켜 머리 회전을 빠르게 해 주는 것으로 알려져 있다. 레시틴은 호두, 잣 등의 견과류에도 다량 함유되어 있어 공부할 때 간식거리로 좋다.

단, 견과류가 들어 있는 과자의 경우 유해 식품 첨가물이 많이 포함되어 있다면 피하자. 뇌 기능이 저하될 수도 있다.

피해야 할 것이 또 하나있다. 바로 담배다. 담배 한 대 피우면 기분이 안정되는 사람도 있다지만, 그것은 니코틴 금단 증상의 해소에서 오는 것일 뿐 실제로는 뇌혈관의 축소로 산소 부족을 일으키는 등 공부에는 전혀 도움이 안 된다.

'끊어 가기'로 기억하라

공부가 힘든 이유 중 하나는 기억의 간섭 때문이다. 무언가를 기억하려고 할 때 그 전의 기억이 새 기억을 못하게 방해하는 현상이다. 혹은 새 기억이 들어옴으로써 그 전에 겨우 익혀 놓은 기억이 약해지고 흔들리기도 한다. 이것은 누구나 경험하는 일이다. 학술적으로는 이를 기억 억제 또는 간섭이라고 부른다.

이 현상이 발생하면 진도가 잘 나가지 않고 머리가 복잡해진다. 이럴 때는 공부를 잠깐 끊고 머리를 식혀야 한다. 머릿속에 이런 현상이 계속되면 실제로 뇌 속의 열이 오른다. '열 받는다'는 소리가 절로 나온다. 뇌 속에 과열 현상이 일어나면 뇌 회로가 제대로 작동되지 않는다. 뇌는 체열보다 좀 낮은 온도에서 잘 돌아가기 때문이다. 머리를 식히려면 찬바람이나 찬물도 좋다.

잠깐의 휴식 뒤에는 공부하던 부분 말고 다른 내용을 들여다보는 것이 좋다. 기억의 간섭은 같은 공부를 계속할 때 잘 일어나기 때문이다. 과목이 다르면 쓰이는 회로도 달라진다. 한 과목을 계속 공부해야 한다면 가급적 내용을 잘라서 토막 공부를 하는 것이 효율적이다. 영어 단어를 한 번에 오랜 시간 외우려고 하는 것보다 하나씩 토막 시간에 자주 외우는 것이 효율적이다. 토막 시간 사이사이에는 해석, 문법 등을 적절히 섞어 공부하는 것도 요령이다.

전체 맥락을 먼저 이해하라

공부할 내용을 이해해야 공부할 부분에 체계가 선다. 급하다고 함부로 기억 창고에 내용을 밀어 넣으려고 하면 기존의 정리된 기억도 흐트러지고 만다. 공부의 체계를 잡는 것을 전문 용어로는 기준계(Frame of Reference)라고 하는데, 계통적인 틀을 만든다는 뜻이다. 이해한 후 전체의 틀이 잡히면 절로 메모리 트리(Memory Tree)가 그려진다.

나무를 그릴 때 기둥 줄기부터 세우고 큰 가지와 작은 가지, 잎 등을 차례로 그린 다음 색칠을 하는 것처럼, 기억도 대략적인 내용을 익히고 난 후 작은 것을 외워 가는 것이다. 전체에서 부분으로 시선을 옮겨 가며 중요한 부분에 표시하면 암기할 부분이 절로 정리된다. 암기용으로 따로 정리된 부분을 이해하면서 표시한 부분을 함께 엮어 이해와 암기를 연계한다.

이후의 단계는 복습이다. 분명 아까 읽어 본 내용인데 기억이 안 난다고 실망하지 마라. 두 번째 보면 첫 번째보다 훨씬 기억하기 쉽다. 이것을 잠재 기억이라 하는데, 한 번 기억한 건 아주 없어지는 게 아니고 희미하게나마 회로에 흔적이 남아 있어서 다음번 기억을 쉽게 해 준다. 맥락을 이해하고 반복해서 읽다 보면 절로 암기가 된다. 이해의 밭에 뿌리를 내린 암기는 웬만한 공격에는 흔들리지 않는다는 것을 명심하자.

세 단계 복습으로 기억하라

복습은 공부의 가장 중요한 단계다. 복습을 안 하면 기억은 빛의 속도로 날아가 버릴지도 모른다. 기억 후 하루 사이에 망각률이 제일 높아서 공부한 것의 4분의 3은 하루 만에 다 잊어버린다. 따라서 기억 후 하루 사이가 승부의 타이밍이다. 기억을 다지는 작업은 기억 후 수시간 내에 하는 것이 가장 효율적이며, 그 후엔 1일, 1주, 그리고 1개월의 사이를 두고 복습하는 것이 좋다.

문제는 첫날 하루다. 중·고등 학교의 45분 수업을 기준으로 한다면 45분 공부하고 5분 복습한 후 10분간 휴식을 취하자. 45분 공부한 후 5분 동안 공부한 부분을 눈으로 슬쩍 훑어본다. 그야말로 '눈만 걸친다'. 이것이 첫 단계 복습이다. 모르는 부분은 책을 보고 다시 확인하거나 머릿속에서 반추한다. 이런 복습은 5분이면 충분하다. 이 5분이 짧다고 무시해서는 안 된다. 시험 결과, 더 나아가 인생을 바꾸어 놓을 수도 있는 결정적 순간이다.

두 번째 복습은 취침 전에 한다. 그날 공부한 분량의 전체를 훑어보고 기억이 잘 안 되는 부분은 밑줄을 그어 놓는다. 그날 얼마나 많은 양을 공부했든 30분이면 복습 시간으로는 충분하다.

세 번째 복습은 1주일 후에 한다. 지난주에 공부한 내용을 다시 보는데 이것은 기억의 간섭을 견제하기 위한 방법이다. 새로 들어온 정보가 그 전에 익혀 놓은 기억의 재생을 방해하기 때문에 '한 주 앞서 공부' 한 내용을 다시 끄집어내는 것이다.

이 세 단계를 게을리했다가는 책상 앞에 붙어 있던 그 힘든 노력이 기억과 함께 물거품처럼 사라질 것이다. 물론 복습이 쉬운 일은 아니다. 골치 아프게 공부한 내용을 다시 펼쳐 본다는 것이 썩 내키지 않을 수도 있다. 그만큼 집중해서 봤으면 됐지 뭘 또 봐야 하나, 지루하기도 하고 귀찮기도 하다. 하지만 다른 대안이 없다. 많은 학자가 효과적인 기억 보존에 대해 실험도 하고 연구도 했지만, 유일한 방법이 '복습밖에는 왕도가 없다' 는 것이다.

하기 싫어도 조금만 참고 다시 책장을 넘겨라. 짧은 시간이면 된다. 책장 덮고 일어서고 싶어도 잠깐만 훑어보자. 질리지 않도록 짧게. 이 결정적인 순간을 놓치지 마라.

단 한 번으로 끝나는 암기 비법은 없다. 몇 번을 외워도 자꾸 잊어버린다고 푸념하지만, 그렇다면 물어보자. 도대체 몇 번이나 외웠는가?

::감정을 이용하면 기억력이 좋아진다

기억은 입력→저장→재생의 순으로 진행된다.

이 과정에서 사령탑은 **해마**. 일단 측두엽에서 새로운 정보가 해마로 입력되면 여기서 내용을 정리 정돈하고 필요하다고 판단한 정보를 다시 측두엽으로 보내 장기 저장한다. 그러고는 전두엽에서 필요로 할 때 보관 창고인 측두엽에서 기억을 꺼내 준다. 이게 기억의 회상과 재생이다.

해마는 측두엽 뒤, 귀 안쪽 부위 아주 깊은 곳에 좌우 하나씩 있는데, 직경은 1센티미터이며 마치 바다 말처럼 생겨서 해마(海馬)라고 한다. 해마에는 뉴런이 밀집, 검은 띠 모양의 지렁이 같은 신경군 둘이 엉킨 듯 보이는데 부위마다 까다로운 이름이 붙어 있다.

측두엽에서 정보가 들어올 때는 언제나 해마의 입구를 통해 시계 방향으로 돌아 출구를 통해 다시 측두엽으로 돌아간다. 돌아가는 방향은 항상 일방통행이며 반대로 가는 법이 없다. 측두엽은 후각, 시각, 촉각, 미각, 청각 등 오감을 통해 들어오는 모든 정보를 인식하는 곳이다. 또한 사물의 인지, 행동하는 동기나 심적 태도 등의 기능도 담당한다. 물론 새로운 지식이나 정보도 일단 이곳을 거쳐 해마로 들어간다. 공부할 때 오감을 동원하라는 이유도 이곳을 자극하면 기억이 잘되기 때문이다.

해마에 들어온 정보는 여기서 잠시 머무는데 이것을 **단기 기억**이라고 한다. 기억의 시간은 길어야 1개월이다. 입력된 정보들은 여러 가지 모양으로 처리되고 통합된다. 불필요한 정보는 삭제되며 필요한 것만 적절히 정리 정돈된다. 기억할 필요가 있다고 판단되는 것만 해마의 출구를 통해 다시 측두엽으로 보내져 장기 기억으로 저장한다. 기억이 저장되는 곳은 측두엽뿐만 아니라 실은 대뇌 전체에 분산되어 있지만, 중요한 부분이므로 여기를 중심으로 설명한다.

기억의 중요도를 판단하는 것은 정동계(情動系) 담당인 편도체의 몫이다. 편도체는 해마와 이웃한 변연계의 중요한 기관으로 기분이 좋다, 나쁘다, 무섭다 등의 본능적인 감정을 담당하며, 생존이나 생활상의 중요도에 따라 기억 여부를 판단한다.

사자와 같은 맹수가 무섭다는 사실을 기억하지 못하면 어떻게 될까? 이러한 기억을 **감정 기억**이라고 하는데, 개체 보존을 위해 중요한 기능을 담당하고 있으며 동물에게

▶ 기억력을 관장하는 뇌의 세 부분

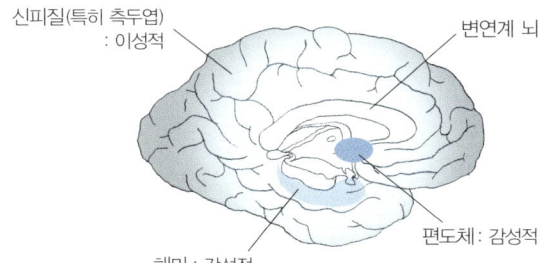

도 물론 있다.

이것이 뇌의 본성이다. 해마는 기억을 담당하고, 편도체는 원시적 감정을 담당한다. 공부도 기억도 즐겁게 해야 하는 사연이 여기에 있다. 공부가 잘될 때 절로 신이 나는 것 역시 이 때문이다.

다시 해마로 돌아가자. 여기가 기억의 사령탑, 뇌 신경 중 유일하게 뉴런이 증식되는 곳이다. 그런데 그 증식 부위가 오직 정보가 들어오는 입구 쪽의 과립 세포에 국한되어 있다. 이 부위의 모든 뉴런은 3개월마다 교체된다. 그만큼 중요하기 때문에 새로운 세포가 필요한 것이다. 이곳의 뉴런 증식이 빠르면 기억력이 좋아지고, 반대로 사멸이 빠르면 기억력은 나빠진다. 이 균형이 기억력 증강의 비밀이다.

뇌과학적으로 길게 설명했지만 결론은 하나다. **감정을 이용하면 기억력이 향상된다는** 것이다.

여덟 번째_
필요할 때마다 쏙쏙 꺼내 쓰는 정보 활용의 기술

일 잘하는 사람의 책상을 본 적이 있는가? 깔끔하게 정리된 책상 위 한쪽에 자리한 책꽂이를 주의 깊게 살펴보자. 중요하고 필요한 서류만 깔끔하게 파일로 묶여 정갈하게 늘어서 있다. 언제든 필요한 순간에 필요한 정보를 빨리 찾아낼 수 있다. 무작위로 산처럼 쌓아 놓은 서류 더미에서 필요한 자료를 찾다가 시간만 허비하는 사람과는 일의 효율이 다르다.

기억도 마찬가지. 공부하고 기억하는 이유가 무엇인가? 언제든 필요한 순간에 생각해 내기 위해서다. 생각의 재생 시간에 문제가 있거나 필요한 기억을 찾아내지 못한다면 아무리 밑줄 그어 가며 외워도 무용지물이 된다. 원하는 순간 빨리 생각을 해내려면 머릿속에 있는 기억들이 정리, 압축되어 있어야 한다. 그렇다면 어떻게 정보를, 지식을, 생각을 정리할 수 있을까?

기억을 그루핑 한다

우선 기억해야 할 내용을 추려 보자. 앞서 정보 습득의 기술에서 익힌 대로 책을 읽다 보면 머릿속에 남겨야 할 것과 버려도 될 것이 대충 구분된다. 그러면 내용의 핵심이 무엇인지 파악할 수 있다.

핵심을 최상위에 놓고 그 하위 개념으로 연관된 것들을 묶어 보자. 기억해야 할 것들을 손으로 쓰며 눈으로 읽는 것도 좋고, 눈을 감고 머릿속에 떠올리며 중얼거리는 것도 좋다. 이렇게 하면 그 핵심이 지표가 되어 필요한 순간 한데 묶인 기억들을 빨리 찾아내는 데 도움이 된다.

영어의 부사와 형용사를 잘 구분하지 못하는 학생이 많다. 단어를 외울 때 기본형으로 기억의 틀을 잡지 않은 것이다. 동사형, 부사형, 형용사형을 각각 외우다 보니 쉽게 잊어버리고 필요할 때 꺼내지 못한다. 색인을 만들듯이 중요한 것을 주제로 틀을 잡은 다음 그것과 연관된 것 위주로 암기하고 기억을 저장한다. 이것이 기억을 빨리 찾아내는 그루핑 기술이다.

디테일은 신뢰할 수 있는 자료로 따로 정리한다

역사나 상식 등에 대해 공부하다 보면 사건의 발생 시기 등 디테일 정보가 나온다. 하지만 그걸 다 외울 생각은 말자. 요점은 그 시기에 어떤 일이 일어났느냐인데, 숫자만 외우다 중요한 콘텐츠를 놓치고 만다.

작은 것에 연연하다 보면 큰 것을 잃는다. 일단 개략적인 내용을 확실하게 잡고 디테일의 정보는 굳이 외우려고 노력하지 말자. 역사에서도 아주 결정적인 사건이 아닌 다음에는 흐름 정도만 파악하면 된다. 굳이 기억하지 않아도 공부에 큰 지장이 없는 디테일 정보들은 따로 메모를 해 놓거나 노트를 만들어 두는 것도 좋다. 필요할 때 언제든 꺼내 볼 수 있도록 말이다.

디테일 정보는 정확성이 생명이다. 기껏 외웠는데 잘못 기억하거나 잘못 사용한다면 노력한 보람이 없다. 공신력 있는 매체의 정보로 디테일 부분을 따로 정리하자.

놓쳐도 되는 정보에 미련을 두지 않는 것도 공부의 기술이다. 그리고 만약을 대비해 자료 정리 정도는 해 두는 것이 공부의 센스다.

장기 보관이 필요 없는 정보는 과감히 삭제한다

뇌의 기억 용량은 컴퓨터에 비할 바 없는 대용량이지만, 효율적인 기억의 재생을 위해서는 불필요한 정보를 지워야 한다.

압축은 부피를 줄이는 것이다. 줄인다는 것은 무언가를 빼거나 지우는 일이다. 공부한 내용 중에 영원히 기억해야 하는 정보는 그리 많지 않다. 열심히 공부한 금융 지식도 시간이 흐르면 금융 상품이나 세법 등이 바뀌어 소용없어지게 마련이다. 시대의 흐름에 맞지 않아 효용 가치가 없어진 정보를 기억하기보다는 새로운 정보를 습득하는 것이 중요하다.

시험에 통과했거나 자격증을 취득했다면 시험용으로 공부했던 사소한 정보들까지 장기 보관할 필요는 없다. 불필요한 기억들로 차 있으면 앞으로 정보를 받아들이는 데 방해가 될 수 있기 때문이다.

그렇다면 기억을 어떻게 지워야 할까? '잊어버리자' 하고 뇌에 명령한다고 기억이 지워지는 건 아니다.

방법은 따로 없다. 다시 기억해 내려고 노력하지 않는 것뿐이다. 뇌는 필요 없다고 판단한 정보를 자연스럽게 시간의 힘으로 삭제한다. 중학교 1학년 기말고사를 위해 외웠던 체육 이론을 모두 기억하는 사람은 없다.

사람의 뇌는 망각의 힘을 가지고 있다. 자꾸 잊어버려서 속상할 때도 있지만 이 망각의 힘이 고마울 때도 있다. 사람이 살면서 모든 것을 기억한다면 정상적인 삶을 영위하기 힘들 것이다. 전화를 위해 잠깐 외운 단기 기억 등은 사용 직후 바로 사라지게 하는 것이 뇌의 습성이다.

새로운 정보들이 쓸데없는 기억들 사이로 비집고 들어오느라 힘겨워하지 않도록 불필요한 정보는 과감히 삭제하자. 비움의 기술도 공부의 기술 중 하나다.

::깜빡하는 진짜 이유

기억은 필요할 때 재생하는 것이 중요하다. 아무리 기억을 해 두어도 정작 필요할 때 측두엽에서 안 나오면 무용지물이다. 우리가 일상에서 경험하는 '깜빡'은 기억이 안 되어서가 아니고 재생이 안 되기 때문이다. 이걸 두고 기억력이 나쁘다고 자책하면서 체념하거나 포기해선 안 된다.

기억의 역치가 처음부터 낮았다
'역치(Threshold)'는 어떤 반응을 일으키기 위해 필요한 최소한의 자극. 아이들은 웃음에 대한 역치가 낮아서 별스럽지 않은 일에도 잘 웃지만 어른은 이게 높아서 잘 웃지 않는다. 기억이 정착되기 위해선 최소한의 자극이 필요하고, 자극이 강할수록 기억이 잘된다. 그만큼 장기 기억 강화가 촉진되기 때문이다. 그러나 기억의 역치가 낮으면 신경 회로에 변화는 왔지만 확실치가 않아 깜빡하는 것이다.

시간이 너무 지났다
기억은 시간의 경과와 함께 약해진다. 따라서 어젯밤 늦게보다 오늘 새벽에 하는 공부가 효과적이다. 밤샘을 해도 한밤중인 1~3시는 자고 새벽에 일어나 하는 게 좋다. '시험 전 4시간', 여기가 승부처다.

이해가 부족했다
하나의 신경 회로에 다른 정보들이 복잡하게 실려 있다. 이를 연합성이라고 하는데, 이 때문에 기억은 모호해지기 쉽다. 하지만 연합성이 있기에 새로운 창조가 가능하고 융통성이 생긴다. 당장 시험 땐 방해물 같지만 확실히 이해한 후 저장하면 혼동을 피할 수 있고 오히려 창조적인 답안을 만들 수도 있다.

시간에 쫓겨 기억했다
전화번호를 외울 땐 당장 써야 할 기억이라 새로 신경 회로를 만들 시간이 없다. 따라서 기존의 잠잠한 시냅스를 자극해 잘 돌아가도록 함으로써 단기 기억을 가능하게 한다. 그러나 시험공부는 이런 초단기 기억만으론 안 되고 새로운 회로를 만들어 장기 기억 강화를 촉진해야 하는데, 이는 수십 분에서 수일이 걸린다.

복습의 횟수가 부족했다
기억의 정착은 이해와 반복이다. 특히 공부가 끝난 직후(45분 공부 단위), 그리고 잠들기 직전에 오늘 공부한 전체를 대충 훑어보고 새벽에 다시 보는 작전이 효과적이다.

급할 때 활용하는 벼락치기 공부

"시간이 없어서……."

바쁜 현대인들이 가장 많이 하는 변명이다.

하지만 괴테도 말했듯이 시간은 제대로 쓰기만 하면 언제나 충분하다. 시간이 없어 못한다는 건 핑계고 변명일 뿐이다.

공부의 정도는 물론 꾸준하게 하는 것. 하지만 그게 말처럼 쉬운 일은 아니다. 이래저래 미루다 결국에는 시간에 쫓긴다.

시험이 코앞에 닥친 경우라면 벼락치기에 임기응변을 동원할 수밖에 없다. 이런 위급 상황을 넘겨 줄 비법으로, 단기 응급용 공부 테크닉을 공개한다.

말이 비법이지 실은 학창 시절 내가 처한 상황에서 어쩔 수 없이 택한 고육지책일 뿐이다. 내가 고등학교 1학년 때 한국전쟁이 터졌다. 학교 수업이 제대로 될 리도 없고, 나로서는 당장 13명의 가족 생계가 막막했다. 미군 부대 하우스 보이 일을 하며 학교에 다녔던 나는 일이 늘면서 학교에 못 가는 날이 많아졌다. 당연히 공부할 시간이 없었다. 짧은 시간에 대충, 얼렁뚱땅, 임기응변, 임시변통의 수법을 쓸 수밖에.

그런데 그 수법이 유연성과 응용력을 길러 주었고, 창조적·효율적 공부의 바탕이 되어 주었다. 어쩔 수 없이 택한 괴상한 공부법이었지만, 요즘에 와서 이게 효율적 공부법이란 게 뇌과학적으로 입증되고 있다.

순간 집중력을 활용한 초스피드 공부법

시간에 쫓기다 보면 순간 집중력이 향상된다. 집중이 잘될 때 공부하는 습관만 들여도 같은 시간에 할 수 있는 공부의 양은 평상시의 몇 배가 될 수 있다. 타이밍을 적절히 조절하면 신경 회로도 거기에 맞추어 빨리 따라와 준다. 공부를 천천히 하면 신경 회로가 안정은 되겠지만 기능은 떨어진다. 더 떨어지면 잠이 온다.

책을 읽어도 건너뛰며 빨리 읽고 글을 써도 빨리 쓰자. 글씨를 예쁘게 쓰려고 노력하지 말자. 나만 알아보면 된다. 빨리 쓰는 것이 오히려 암기에도 효율적이다.

이렇게 빨리빨리 공부를 하노라면 뇌는 약간 상승 고양된 흥분 상태가 되어 전반적으로 활성화된다. 이럴 때는 신경 회로가 가장 활발하게 기능을 하며 또 쾌적한 호르몬을 방출해서 공부가 지겹지 않게 해 준다. 빨리 해치우겠다는 심리가 뇌의 이런 분위기를 만들어 준다.

공부를 빨리 해치우기 위해서는 항상 준비가 되어 있어야 한다. 식탁, 화장실, 차 안, 대기실 등 언제 어디서나 토막 공부를 할 수 있도록 준비하자. 토막 공부는 오래 집중할 필요가 없다. 따라서 생각나면 바로 해야 하고 빨리 해치워야 한다. 상황에 따라 공부할 수 있는 과목도 물론 다르다. 자신의 생활 리듬이나 환경을 고려해 토막 공부를 할 수 있도록 미리 준비해 놓자. 때로는 소음 가득한 지하철 안도 훌륭한 도서실이 된다.

처음에는 책을 편 순간 사람들의 시선을 의식하게 되는데, 이것이 집중력을 높이는 데 도움이 되기도 한다. 책을 펴 놓으면 금방 접기가 민망하다. 체면 때문에라도 얼마간 공부할 수밖에 없다.

또한 적당한 긴장은 아이디어가 우러나오는 데 탄력을 더해 준다. 아이디어가 일단 쏟아져 나오기 시작하면 뇌의 작업 분위기가 식기 전에 분위기를 잘 타 계속 나올 수 있게 해야 한다. 가끔은 생각에 빠져 하차할 역을 지나칠 수도 있지만. 공부의 흐름을 타는 법, 이것을 익히면 공부가 즐겁고 쉬워진다.

얼렁뚱땅 벼락치기 공부의 추억

미군 부대 하우스 보이로 일하느라 학교에 가는 날보다 못 가는 날이 더 많던 시절, 중간고사가 다가왔다. 다른 과목들은 어떻게 평소 실력(?)으로 낙제는 면하겠거니 했지만, 문제는 수업을 한 번도 못 들은 독일어였다.

나는 일단 친구의 참고서를 빌려 알아볼 수도 없는 원문은 아예 무시하고 국문 해석을 통째로 외웠다. 그러고는 각 문단의 처음과 끝부분에 있는 영어와 비슷한 단어를 외웠다. 거점 표시를 위해. 그래야 시험 문제가 어디부터 어디까지인지 알 수 있기 때문이다. 국문 해석만 외웠으니 시험에 안 나온 부분까지 쓴다면 이게 무슨 창피인가. 몇 단어를 외운 다음 친구가 시키는 대로 기본 발음을 외웠다.

"Der, Des, Dem, Den, Die……."

고장 난 오토바이 같은 생경한 소리로 대충 몇 개 외우곤 시험을 치렀다.

첫째 해석 문제는 농부가 씨를 뿌려 농사를 짓고 추수, 엄마 손을 거쳐 식탁에 오르는 과정을 쓴 이야기였다. 난 우선 영어와 비슷한 거점 단어를 찾고 대충 분량을 측정했다. 어디서부터 어디까지구나 하는 내용의 양을 추산해 달달 외웠던 국문 해석을 써 내려갔다. 이 과정에서 참고서대로 쓰지 않고 원문 해석이 손상되지 않는 범위에서 살짝 편집 수정을 해 놓았다. 나 말고도 참고서대로 쓰는 학생들이 있을 것이고, 참고서대로만 쓴다면 좋은 점수를 받기는 힘들 것이라는 약은 계산이 깔려 있었다. 고심 끝에 내 손으로 푼 문제라는 확실한 인식을 심어 주기 위한 고도의 전략이었다.

중간고사가 끝난 다음 독일어 시간, 나는 그때 처음으로 독일어

선생님의 얼굴을 보게 되었다. 곱슬머리에 허름한 홈스펀 상의를 걸친 그는 독일어 교과서를 집필한 장하구 교수였다. 선생님의 위엄과 권위에 눌려 숨도 못 쉴 것 같았다.

선생님은 수첩을 펼치더니 "이시형!" 하고 불렀다. 가슴이 철렁했다. 들통이 났나 보다 싶었다. 그런데 다음 순간, "100점!"이었다. 선생님 표정으로 보아 놀리려고 한 것 같지는 않았다. 그렇다면 내가 온갖 잔머리를 굴려 치렀던 것이 만점을 받았단 말인가? 하지만 기쁨은 잠시. 선생님을 속였다는 사실 때문에 난 정말이지 죄송하고 부끄러웠다.

그런 내 속은 아랑곳하지 않고 선생님은 오늘 배울 내용을 읽어 보라고 했다. 이건 또 무슨 청천벽력인가. 내 본색이 드러날 판이었다.

나는 목을 틀어쥐고 기침까지 해 대며 죽는시늉을 했다. 이 역시 나의 임기응변! 선생님은 다음으로 넘어가 주셨다. 속사정을 아는 옆자리 친구가 킥킥거린 것 말고는 일견 그럴듯하게, 명예롭게 사건은 마무리되었다.

너무나 죄송한 마음에 언젠가는 선생님께 이실직고하리라 마음먹었지만 기회는 오지 않았다. 선생님이 피란 시절 부산 임시 대학으로 바로 돌아갔기 때문이다. 융통성, 유연성, 임기응변, 위기 관리력 등 온갖 창조적 능력이 총동원된 나의 독일어 시험 사건은 그렇게 일단락되었다. 이렇게 책까지 쓰고 교수가 된 한 사람으로서 창피한 이야기다. 이런 상황까지 가지 않도록 미리 성실하게 공부하는 것이 최고다. 단, 아주 급박한 상황에서만 참고용으로 쓰기 바란다.

'효과 두 배, 즐거움 두 배', 스터디 메이트와 함께 공부하기

우리가 공부를 마라톤에 비유하는 이유 중 하나는 철저하게 혼자 해야 하는 지루하고 고독한 레이스라는 공통점이 있기 때문이다. 하지만 공부에도 때로는 팀워크가 필요하다. 스터디 메이트와 함께 하는 것 역시 공부 테크닉 중 하나다.

시험의 성패는 어떤 스터디 메이트를 갖느냐에 달려 있다. 나에게 만약 스터디 메이트가 없었다면 나는 그 힘든 의학 공부 과정을 끝내지 못했을 것이다. 내가 속했던 스터디 그룹은 나를 포함해 4명이었다. 모두가 겁 많은 모범생, 우등생이었다.

시험 때 모이면 각자가 맡은 장기(長技) 과목에 대해 어떻게 무엇부터 공부할 것인가를 브리핑한다. 아르바이트에 쫓기는 나는 언제나 진도가 늦다. 나를 앉혀 놓고 집중 수업을 한다. 이 단계가 끝나면 한 친구가 암기해야 할 것들을 내놓는다. 이쯤이면 이해와 암기의 연계 부분이 끝난 셈이다. 혼자 끙끙거리며 공부할 때보다 많은 시간이 단축된다.

그룹 스터디의 백미, 문답식 훈련

다음은 문답식의 면접시험이다. 이것이 그룹 스터디의 백미다.

우선, 질문이 오가면 졸리지 않다. 바짝 긴장해서 듣고 대답해야 한다. 친구라도 긴장을 늦출 수가 없다. 묘한 긴장감, 이것이 스터디 그룹의 장점이다. 질문 내용이 마치 시험 문제와 같아서 깊은 사고와 응용력을 요한다. 출제하는 친구도 실전같이 묘한 질문을 한다.

여러 명이 모인 만큼 문제에 대한 접근 방식이나 문제 해석력도 다르다. 서로 문제를 내고 풀다 보면 문제 대처 능력이 다양해진다. 대답하는 동안에는 언어 중추의 연상 작용으로 잠잠하던 뇌 회로까지 활성화된다. 생각지도 못한 것들이 속속 떠오른다. 이것만 해도 큰 수확이다. 일단 말로 발표하면 언어 중추의 광범위한 뇌 회로가 자극되어 기억하기가 쉽다. 때로는 그림도 그려 가며 손을 움직이다 보면 좌뇌, 우뇌가 모두 자극을 받으면서 안 풀리던 문제가 풀리기도 한다.

문답식은 밥 먹을 때나 학교 갈 때 걸으면서도 할 수 있는 참으로 편리한 공부법이다. 언제 어디서든 책 없이 할 수 있다. 실제로 우리 팀은 학교까지 가는 길에 마지막 정리 겸 문제를 내면서 걸었다. 버스에서 떠들 수 없으니 터덜터덜 걸어가는 것이다. 걷다 보면 리듬 운동으로 세로토닌이 분비되면서 기분도 좋아진다.

다음은 역할 교대다. 답하는 것도 어렵지만 묻는 것도 참 어렵다는 걸 알게 된다. 가르친다는 건 참 어려운 일이다. 내가 먼저 그 내용에 대해 확실하게 이해를 해야 문제를 낼 수 있다. 이해 없이는 못 가르친다. 실력 없는 교수 강의가 어려운 건 이 때문이다. 자기도 모르는 것을 강의하려니 쉽게 풀어 설명하지 못하고 어려운 말만 나열한다. 책을 써도 마찬가지. 가르친다는 것, 문제를 만든다는 것은 곧 자기 학습이다.

훌륭한 스터디 메이트는 어떤 사람인가

스터디 메이트를 두면 시간 활용도 효율적이 된다. 친구들과 함께 하는 시간은 나만의 시간이 아닌 우리의 시간이기 때문이다. 내 시간은 마음대로 쓸 수 있지만 우리의 시간, 상대의 시간은 허비할 수 없다. 잠시 눕고 싶어도 눈치가 보여 누울 수가 없다. 너무 피곤해 잠시 눈을 붙여도 쭉 잠들지 않게 깨워 줄 친구가 옆에 있어 든든하다.

단, 스터디 메이트 선정에 신중해야 한다. 공부가 아닌 마음 맞는 친구들을 만나면 모여서 공부보다는 노는 데 시간을 보낼 수도 있다. 의지가 약한 사람은 분위기에 휩쓸리게 마련이다. 내가 공부하고 싶어도 동료들이 모두 놀자고 하면 버티기가 힘들다. 스터디 메이트로는 **평소 면학 분위기가 좋은 사람이 좋고 당장의 성적이**

높은 사람보다는 분명한 목표와 그 목표를 향한 의지가 강한 사람이 좋다.

스터디 메이트는 평생의 친구가 된다. 실력도 함께 늘고, 우정도 깊어지고, 군집 본능이 충족되면서 세로토닌이 분비되어 생활이 즐거워진다.

아! 행복한 공부여.

➜ Keep in Mind

01 공부 효과 두 배로 올리는 다섯 가지 비법
집중의 비법 – 집중할 만한 환경을 만들고, 명상으로 뇌를 깨워라
일점 집중의 비법 – 머리를 비우고, 마음에 적절한 압박을 가하라
순간 전환의 비법 – 예전 것을 잊고, 흥분된 감정을 정리하라
시간 창출의 비법 – 일찍 일어나라, 지금 바로 시작하라
휴식의 비법 – 6시간 밤잠 + 20분 낮잠, 몸의 긴장과 이완을 반복하라

02 정보를 효율적으로 활용하게 하는 세 가지 기술

정보 습득의 기술
– 모르면 넘어가라! 속독으로 큰 줄기 잡기
– 책은 지저분하게! 밑줄 긋고 메모하고 표시하기
– 저자와 개인 과외를! 가상으로 질문하고 답하기
– 한 번 정독보다 열 번 속독을! 다시 읽고 새롭게 정리하기

정보 기억의 기술
– 눈, 귀, 코, 입, 손을 동시에 자극하면 뇌 회로가 활발해진다
– 기억과 감정을 연결시켜라
– 적절한 스트레스를 줘라
– 세 단계로 복습하라(1일→1주→1개월)

정보 처리의 기술
– 기억을 분류하고 정리하라
– 너무 자세히 기억하려 들지 말고, 디테일은 따로 정리하라
– 필요 없는 정보는 과감히 잊어버려라

Part 05
불황에도 끄떡없는 '창재'로 거듭나라

창재는 위기 대처 능력이 탁월하다.
이들이 본격적인 실력을 보여 주는 것은 회사가 위기 상황에 빠질 때다.
기막힌 아이디어로 문제를 해결해 낸다.
신망과 존경을 한 몸에 받으며 스타로 부상하는 것이다.
그래도 우리에게 위안이 되는 점은 이들의 능력이 타고난 게 아니라
후천적인 노력으로 만들어진다는 사실이다.

천재보다 환영받는 이름, 창재

　범상함의 수준을 넘는 인재들이 있다. 천재는 그중 가장 탁월한 사람으로, 이름 그대로 하늘이 준 천부적 재능을 타고난 이를 일컫는다. 그런데 세계적으로 명성을 떨친 천재는 실제로 그리 많지 않다. 그야말로 1세기에 한 사람 날까 말까 하는 특출한 인재다. 그 재능이 너무도 독창적이고 창조적이어서 가히 범인의 접근을 허락하지 않는다. 따라서 천재는 타고난다는 의미가 강하다. 그다음 수재와 영재는 천재의 수준에는 미치지 못하지만 범인의 경지를 뛰어넘는 재능을 타고난 사람을 말한다.

　하지만 사람들이 천재나 수재, 영재라고 부를 때는 명확한 사전적 정의를 따르기보다는 대체로 학교 성적을 기준으로 삼는다. 성적이 전교 1~2등을 다툰다거나 명문대 입학, 국가 고시 등 관문을 우수한 성적으로 합격하는 것이 대체적 기준이다.

그리고 이들의 수재성을 평가하는 데 흔히 동원되는 게 지능지수, 아이큐(IQ)이다. 여기서 혼선이 생긴다. 왜냐하면 학교 성적이나 지능지수로는 이들의 장래 사회성이나 창조성을 평가하기가 어렵기 때문이다. 한마디로 학교 시험이나 입학시험 등 종이로 치르는 시험은 창조성과 거의 무관하다고 봐야 한다. 학교 때 수재 소리를 듣던 사람들이 사회에 나오면 범재만도 못한 수준에 머무르는 딱한 경우도 흔히 볼 수 있다.

천재의 기준은 무엇일까? 천재는 한 분야에서 특출한 재능을 보이는 사람이다. 하버드 대의 가드너 교수가 정의한 천재는 과학자 아인슈타인, 심리학자 프로이트, 미술가 피카소, 음악가 스트라빈스키, 시인 T. S. 엘리엇, 인권 운동가 간디, 무용가 그레이엄 등이다.

그런데 다빈치나 미켈란젤로 등의 이름은 보이지 않는다. 모차르트도 명단에 없다. 음악과 미술 분야 천재를 꼽을 때 흔히 언급되는 이름들이 빠져 있다. 이들은 천재가 아니라는 것일까? 불후의 명작을 남겼지만, 그들의 작품에는 독창성이 없다는 것이 가드너의 주장이다. 독창성, 누구도 상상조차 할 수 없는 새로운 것을 만들어 내지 못하면 천재 대열에 낄 수 없다는 아주 까다로운 잣대다. 그러나 이 사람들이 창조적으로 작품을 만들었고 많은 이를 감동시킨 건 분명한 사실이다.

그렇다면 사회적으로 창조적이면서 성공한, 유능한 사람을 무어라 불러야 할까? '머리가 좋다', '집념이 강하다', '아이디어맨이다', '부지런하다', '눈치가 빠르다', '운이 좋다' 등 다양한 표현이 있다. 나는 이를 통틀어 창재, 즉 창조적 인재라 부른다. 어떤 능력을 갖췄든 이들은 사회에서 창조적인 결과를 만들어 낸 사람들이다.

사회적으로 성공한 창재들을 관찰한 보고가 있다. 학자마다 주목한 부분은 조금씩 다르지만 그들이 내놓은 공통적인 결론은 '창재는 태어나는 것이 아니라 후천적인 노력으로 만들어진다'는 것이다. 무엇보다 이들은 공부를 열심히 한다. 공부를 통해 얻은 풍부한 정보와 지식을 잘 활용하는 문제 해결 능력이 탁월하다.

창재들이 갖는 또 하나의 공통점은 자기감정 컨트롤과 대인 관계에 능하다는 것. 이것이 소위 공부 벌레들과는 결정적으로 다른 점이다. 공부 벌레들은 대체로 폐쇄적이고 외톨이다. 유연성이나 융통성이 없으며 틀에 박힌 공부에만 매달린다. 매사를 합리적으로 처리하기 때문에 새로운 일을 생각하거나 도전하기를 주저한다.

이에 반해 창재는 위기 대처 능력이 탁월하다. '난세에 영웅 난다'는 말이 이를 입증한다. 이들이 본격적인 실력을 보여 주는 것은 회사가 위기 상황에 빠질 때다. 이들의 진가는 이때 발휘된다. 기막힌 아이디어로 문제를 해결해 낸다. 위기 극복을 계기로 갑자기 뜬다. 신망과 존경을 한 몸에 받으며 스타로 부상하는 것이다. 부럽다. 그래도 우리에게 위안이 되는 점은 이들의 능력이 처음부터 타고난 게 아니라 후천적인 노력으로 만들어진다는 사실이다. 정말 다행이다.

창조력은 생존의 문제다

이미 우리 사회에서는 알게 모르게 창조적 학습이 진행 중이다. '학교 공부 무용론'이라는 극단적인 표현도 나오고 있지만, 가르치는 입장에선 언제나 창조력을 염두에 두고 있다. 대입 논술 고사가 그 좋은 예다. 단순 암기만으로는 원하는 대학에 들어갈 수 없고, 사회에서 필요로 하는 능력을 키울 수도 없다. 논술 고사의 도입에는 폭넓은 지식을 활용하도록 학생들을 자극하겠다는 저의가 깔려 있다.

수업도 물론이지만 시험에도 어떻게든 창조성을 자극하려는 문제가 출제된다. 같은 수업을 들어도 창조적으로 공부한 학생의 성적이 우수한 것은 이런 이유 때문이다. 예문을 교과서에 나오지 않은 것으로 적으면 그 답안지는 채점자 눈에 확 들어온다. 성적이 좋게 나올 수밖에 없다. 특히 모의시험이나 입시에선 창조성이 그 진가를 발휘한다. 공부도 창조의 과정이다.

 창조성이 받쳐만 준다면 평소 학교 성적은 별로여도 입시에서는 좋은 성적을 얻을 수 있다. 요즈음 입시 문제는 수학, 과학, 사회 등이 뒤엉켜 있어 어느 과목의 문제인지도 알 수 없다. 학생의 종합적인 능력을 평가하는 것이다. 틀에 박힌 학교 교과서만 달달 외운 학생은 이런 문제를 잘 풀어낼 응용력이 없다.

 학교만이 아니다. 회사 입사 시험도 예전과는 사뭇 달라졌다. 입사와 승진도 창조성이 좌우한다. 입사 동기 중 누군 임원도 못 되었는데 사장으로 발탁되는 사람도 있다. 그건 능력의 차이, 즉 창조성의 차이다. 회사도 새로운 변신과 발전을 도모하지 못하면 서서히 기울어 가는 것이 현실이다. 신제품 개발에 몰두하지 않고 잘나가는 명품에만 의존했다가 문을 닫은 기업이 어디 한둘이던가.

 길거리에 나가 보면 번뜩이는 창조성에 현기증이 날 지경이다. 간판부터 실내 디자인에 이르기까지 기발한 아이디어가 넘쳐흐른다. 음식점들은 계속 새로운 메뉴를 개발해 손님들이 먹어 보지 않고는 못 견디게끔 만든다. 이탈리아의 한 요리 전문 기자는 한국의 퓨전 음식에 감탄을 연발하며 세계에 이만큼 다양하고 맛깔스러운 음식은 없다고 격찬했다.

 한국인의 우수한 창조성은 사회 각 분야에서 무섭게 발현되고 있다. 탁월한 창조성으로 성공했다 해도 사실 대단한 사람들은 아니다. 그냥 평범한 보통 사람들이다. 창조성 교육을 따로 받은 것도 아니고, 그렇다고 수재나 영재도 아니다. 다만 확실한 주인 의식, 변화해야 한다는 문제의식, 그리고 새로운 것을 만들어야 한다는 굳은 의지가 창조의 계기가 되고, 바탕이 되었다.

천재와 수재는 선천적인 면이 강하지만, 창재는 후천적 능력이 만든다. 미래는 이런 창재들의 무대가 될 것이다. 새로운 것을 만들어 내지 못하면 도태될 수밖에 없기 때문이다. 현대인은 낡은 것에 쉽게 식상해하는 습성이 있다. 새것에 대한 거의 병적 강박증이다.

이제 창조는 생존의 전략이다. 문제는 창조가 그냥 되는 것이 아니라는 점이다. 공부! 다시 강조하지만 공부를 해야 한다. 해도 넓게, 깊게, 많이 해야 한다. 그리고 빨리 효율적으로 해야 한다. 창조는 시간 싸움이다. 한발만 늦어도 허탕이다.

최고의 창재,
빌 게이츠의 비밀

 많은 사람이 빌 게이츠를 천재라고 부른다. 하지만 사전적 의미로 보면 그는 천재가 아니다. 누구도 흉내 낼 수 없는 세계 최초의 무언가를 독창성 있게 창조해 낸 사람이 아니기 때문이다. 이 기준에서 보면 오히려 매킨토시 컴퓨터인 애플의 OS를 개발한 스티브 잡스가 독창적인 천재다.

 빌 게이츠는 탁월한 비즈니스맨이자 아이디어맨이다. 창재다. 그는 19세 때 마이크로소프트 사를 설립했다. 10대부터 컴퓨터에 몰두해 초인적 에너지와 기발한 비즈니스 아이디어로 세계적인 부호가 된 것이다.

 그의 탁월한 비즈니스 아이디어는 윈도 95를 심야 0시에 첫 발매한 것으로 유명하다. 기발한 아이디어다. 지금 안 사면 놓칠지도 모른다는 조바심. 소비자들이 점포 앞에 장사진을 이루었다.

그의 몰입도와 집념, 초인적인 에너지는 혀를 내두르게 한다. 그가 사업을 시작했을 무렵에는 무슨 일이든 사양하는 법이 없었다고 한다. 아무리 작은 일도 마다하지 않았다. 그리고 며칠 밤을 새워서라도 주문 날짜를 맞추었다. 한 번 거절하면 두 번 다시 자신을 찾지 않을 것이라는 조바심 때문이었다.

실제로 그는 사업이 승승장구할 때도 '누가 나를 따라잡지는 않을까' 하면서 항상 경계의 눈초리를 늦추지 않았다고 한다. 언제나 보다 나은 것을 만들어 내기 위해 긴장하고 자신을 채찍질했다. 정신의학적으로 볼 때 그의 오늘은 이러한 '불안의 힘'으로 이루어진 것이다.

의자에 앉으면 몸을 앞뒤로 흔드는 그의 습관도 어쩌면 불안을 털기 위한 반사적인 행동일지 모른다. 사실 그렇게 몸을 리듬감 있게 움직일 때 세로토닌 분비가 촉진되어 보다 나은 아이디어를 얻을 수도 있다. 도수 높은 안경, 헝클어진 머리칼, 제멋대로의 복장, 맥도날드 햄버거와 감자튀김을 즐겨 먹는 그의 모습은 상상만 해도 즐겁다. 몸을 흔들며 소년 같은 웃음을 지을 때면 전혀 세계적 부호 같지가 않다.

하지만 그런 천진한 모습과는 달리 그는 쓸데없는 데 정력이나 시간을 낭비하지 않는 철저한 비즈니스맨이다. 사업을 해야겠다고 마음먹었을 때 하버드 대를 중퇴한 것만 봐도 그렇다. 그는 세상 어떤 것보다 실익을 앞세운다.

그리고 그의 성공 요인 중 또 하나는 높은 이큐(EQ)다. 그것이 훌륭한 비즈니스 파트너를 얻게 했고, 세계적 규모의 사업을 벌이는 원동력이 되었다. 그는 아메리칸 드림의 전형이 되었다. 사전적 의미의 천재라기보다는 성공적 비즈니스맨이 갖추어야 할 모든 조건을 완벽하게 구비한 현대판 창재라고 할 수 있다.

그의 사업가 기질을 보여 주는 유명한 명언이 있다.

"이기는 것에 아무런 의미가 없다는 말은 못 이기는 인간의 변명일 뿐이다."

누구에게나 강점 지능이 있다

 우리는 천재라고 하면 IQ라는 잣대를 들이댄다. 가드너는 IQ 한 가지로 모든 분야의 천재성을 가늠할 수는 없고 사람마다 특정 분야에 '강점 지능'이 있는 것으로 규정한다. 단순한 IQ와는 달리 다원적 지능(Multiple Intelligence)으로 평가해야 한다는 것이다.
 지능에도 종류가 많다. 그리고 천재적 수준은 아니더라도 누구에게나 특정 분야에 강한 강점 지능이 있다. 앞으로의 연구 결과에 따라 더 많은 고유의 지능이 발표될 가능성이 있다. 가령 다원적 지능 중에 자연 친화 지능은 최근에 발표되었다.
 나는 서양 정신의학을 공부하면서 자연의학에 대해 집념에 가까운 관심을 보여 왔는데, 아마도 이것은 나의 자연 친화 지능이 높아서가 아닐까 싶다.

▶ 가드너의 다원적 지능

다중 지능	능력 정의
신체 운동 지능	몸의 움직임을 조절하는 능력과 대상을 기술적으로 다루는 능력
인간 친화 지능	타인의 기분, 동기, 의도 등을 지각하고 구별할 수 있는 능력
자기 성찰 지능	자신에 대한 정확한 이해와 조절, 이를 바탕으로 한 자기 관리 능력
논리 수학 지능	논리적·수리적 유형의 문제를 효과적으로 해결하고 추론하는 능력
언어 지능	언어를 효과적으로 구사하는 능력, 언어 예술에서의 단어 선택과 창의적인 언어 사용 능력
공간 지능	시간적·공간적 세계를 정확하게 지각하고 변형하며, 구체적·물리적 자극 없이도 시각적 경험을 재창조할 수 있는 능력
음악 지능	음악적 표현 형식을 지각하고 변별하며 표현하거나 창조하는 능력
자연 친화 지능	다양한 생물체와 주위 대상들의 특징을 파악하고 구별하는 능력, 동식물을 돌보고 기르는 능력, 유기체와 민감하게 상호 작용하는 능력

다원적 지능의 각 영역은 독립적으로 기능하기 때문에 '나의 강점 지능은 무엇인가'에서 시작하는 것이 효율적인 공부의 첫걸음이다. 우리는 적성이라는 말을 흔히 쓴다. 지금 내가 하고 있는 일이 내 적성에 맞는가? 별 탈 없이 어느 정도의 성과를 거두고 있다면 그 분야에서 나의 강점 지능이 잘 발휘된다고 진단해도 좋다. 그러나 지금 하는 일이 나와 맞지 않다는 생각이 든다면 내 속에 잠자고 있는, 아직 발견하지 못한 강점 지능이 무엇인지 찾아봐야 한다. 그것이 성공의 지름길이다.

이렇게 숨어 있는, 아직 발견되지 못한 능력을 통틀어 잠재 능력이라고 한다. 그런데 딱하게도 어떤 이들은 잠재 능력을 잘 믿으려

들지 않는다.

'나에게 그런 것이 있을 리 있나?'

'지금 이 실력이 고작인데, 별다른 재주가 있을까……'

우리가 피해야 할 한 가지, 자기 한계 설정이다. 내가 가진 게 이것뿐이라고 생각하는 순간, 정말로 그것이 전부가 된다. 그리고 발전은 그 자리에서 멈추고 만다. 이게 우리 인생의 덫이다. 자기 한계의 함정에 빠지면 앞으로 나아가지 못한다. 잠재의식 속에 숨어 있는 강점 지능을 찾아 깨워야 한다. 이게 창조적 학습의 출발이요, 기본이다.

잠시 멈추자. 그리고 생각해 보자. 우선 내가 하고 싶은 것, 내 관심을 끄는 것, 재미가 있는 것, 해 보니 다른 것보다 쉬운 것, 여기서부터 시작해 보자. 내가 좋아하고 잘하는 일은 일단 시작만 하면 어느샌가 절로 몰입되는 것을 느낄 수 있다. 이것이 인간의 본성이다.

그런 게 꼭 없더라도 당장 손에 잡히는 일부터 시작해 보자. 인간에겐 무한한 적응력이 있다. 어떤 일도 해내게 된다. 실제로 대부분의 사람들은 강점 지능을 찾아서 시작하는 것이 아니라 하다 보면 그것을 찾게 된다. 이게 인간의 적응력이다.

우리가 좋아하거나 잘할 수 있는 일을 하면 기분이 좋아지고 일을 하면서도 즐거운 이유는 쾌감 물질인 도파민이 분비되어 뇌의 쾌감 중추가 흥분하기 때문이다. 기분이 좋아지면 뇌는 그 상태를 계속 유지하려고 한다. 인간은 본능적으로 쾌락을 추구한다. 쾌락이라면 흔히 신나게 노는 걸 생각하지만 단지 그것만은 아니다. 좋아하는 공부나 일을 할 때도 얼마든지 쾌락을 느낄 수 있다.

어떤 일을 잘하는지, 무엇을 좋아하는지 파악했다면 이제 남은 건 그 분야에서 성공을 거두겠다는 의지와 훈련이다.

비록 가드너의 천재 명단에서는 제외되었지만 모차르트는 자신의 강점 지능을 100% 살린 행운아였다. 그는 음악적 재능을 일찍 발견했고, 체계적인 교육과 훈련을 받았으며, 음악을 생업으로 삼았다. 발견, 훈련, 지속이라는 세 가지 조건이 충족되어 그의 강점 지능이 위대한 음악이라는 꽃을 피운 것이다.

모차르트처럼 거장이 되어야 한다는 게 아니다. 누구에게나 강점 지능은 분명히 있다. 관건은 그것을 빨리 찾아 개발하고 열심히 훈련하는 것이다. 그것이 즐겁게 공부하기의 포인트다.

우리가 미처 몰랐던 우뇌의 힘

인간의 뇌는 좌우 양반구(兩半球)로 나뉘어 있으며 그 기능이 각각 다르다는 사실이 미국의 신경생물학자 로저 스페리의 연구로 밝혀졌다. 인간의 양 뇌, 즉 좌뇌와 우뇌는 각각 역할이 다르다는 것을 실험을 통해 증명함으로써 그는 노벨의학상을 수상하게 된다.

우뇌는 이미지적 사고, 감성적, 직감적인 반면, 합리성과 과학성은 다소 약하다. 한편 좌뇌는 지성, 이성, 논리성, 객관성, 합리성이 강하다. 물론 뇌의 복잡한 기능을 두부 자르듯 엄격히 구분할 순 없다. 그러나 특징적 경향성을 염두에 두면 인간 심리나 행동을 이해하는 데 도움이 된다.

그렇다면 우리 한국인은 어느 쪽이 우세할까? 대체로 우뇌 우위형이 많다는 게 지금까지의 연구 결과다. 우리는 사물을 판단하는

▶좌뇌와 우뇌의 전혀 다른 기능

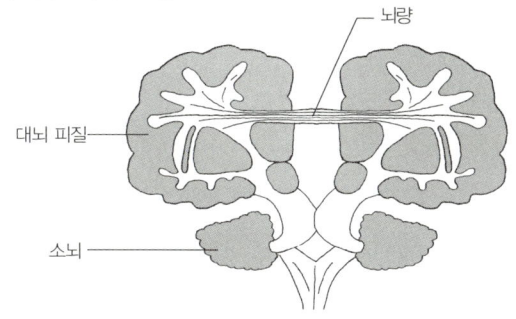

좌뇌의 역할	우뇌의 역할
언어적 사고 · 판단 많은 정보에서 체계적 추리 이성, 지성 논리적 분석적 합리성 규범, 억압 유교적 의식	시각적, 이미지적 사고 · 판단 하나의 정보로 전체를 파악 감성 직감적, 감각적 공간적, 도형적 비합리성, 신비성 무규범, 자유 무속적, 무교적 무의식

데 우뇌가 먼저다.

'저 여자 참 근사하다!'

길에서 만난 여자, 이름도 성도 모르는데 그저 인상으로, 직감으로 좋다는 것! 이것이 우뇌의 작용이다. 그런데 사귀다 보니 성격이 아주 까다롭고, 사치스럽다. 이때부터 좌뇌의 분석적이고 지적인 판단이 작동된다.

우리가 어림짐작으로 대충 하는 버릇도 우뇌에서 비롯된다. 치밀한 분석이나 사전 계획도 없이 감만 잡히면 덤빈다. 일하는 도중에 문제가 발생하면 기막힌 유연성과 융통성을 발휘해 기민하게 대처한다. 그래서 우린 겁이 없다. 무슨 일에든 과감하다. 안전사고가 많은 것도, 수많은 실패를 하는 것도 그래서다. 하지만 그만큼 역동적이다. 이게 그 짧은 시일에 한강의 기적을 이룬 힘의 원천이다.

이런 사고 형태는 객관적 합리성을 요구하는 좌뇌형의 20세기 산업 사회와는 잘 맞지 않는다. 하지만 우리는 조선 시대 500년 동안 유교적 이성, 즉 좌뇌형 학습을 해 왔다. 그리고 20세기 전반까지 일본식 교육을 받았는데, 당시 일본 교육의 모델은 네덜란드, 영국, 독일 등 좌뇌형 서구 사회였다. 해방 이후에는 미국식 좌뇌형 교육을 받았으니 한국은 지난 100년간 20세기 산업 사회의 삼극 체제를 이룬 선진국, 즉 유럽의 서구, 미주의 미국, 아시아의 일본 등으로부터 전형적인 좌뇌형 교육을 받아 온 것이다. 굴욕적이고 가슴 아픈 역사이긴 하지만 뇌과학의 관점에서 본 사실은 그렇다.

전통적으로 우뇌적 성향을 가진 우리 민족이 지난 500년간 그리고 이후 100년간 좌뇌형 교육을 받았으니, 결과적으로 우리는 양 뇌형이다. 우뇌적인 폭발성, 과감성, 겁 없는 도전 정신, 직관력, 기민성, 이미지적 사고에 좌뇌적인 치밀함, 합리성, 객관성을 겸비하게 된 것이다. 우리는 양 칼잡이다. 한국인이 그냥 우수한 게 아니다.

근래 들어 많이 달라지긴 했지만 지금도 우리 학교는 좌뇌형 교육 위주다. 아이들의 개성보다는 틀에 박힌 획일적인 대량 교육 체제다. 감성보다 지성을 중시하고 지식 교육에만 편중되어 있으니 딱딱하고 재미없다. 많은 아이가 공부라면 싫고 심지어 두려움마저 느낀다. 시험공부는 더하다. 종이로 치르는 시험은 모두 딱딱한 지적·좌뇌적 공부를 요구한다. 하지만 최근 우리 사회에는 지성만큼 감성적 측면도 중요하다는 인식이 확산되고 있다. 좌뇌만큼 우뇌도 중요하다고 생각하는 것이다.

칼럼니스트 홍사종 씨의 글은 시사적이다. 녹음테이프는 1000원도 안 되지만 그 테이프에 조수미의 노래가 실리면 당장 5000원으로 가격이 껑충 뛴다. 녹음테이프는 과학적·좌뇌적 기술 없이는 못 만든다. 하지만 이젠 그것만으로는 안 된다. 우뇌의 감성이 담겨야 부가 가치가 높아지는 것이다.

요즘은 우뇌적 감성, 감동 바람이 사회 모든 분야에서 일고 있다. 그간 억압된 우뇌적 기질이 기지개를 켜고 있다. '우뇌형 교육'이란 말도 나온다. 하지만 우리는 우뇌형으로 타고났기에 이를 따로 할 필요가 없다. 지나친 좌뇌 편중을 지양하고 적절한 균형만 잡아 주면 된다.

미술관의 추상화를 보면서 '이게 뭘까?' 고민하지도, 해석하려고 애쓰지도 말자. 그냥 보고 느끼면 될 일! 왜 거기에 좌뇌를 동원해 해석하려 드는가! 우린 지금 좌뇌를 혹사시키고 있다.

메마른 좌뇌적 지성을 우뇌적 감성으로 부드럽게 하자. 딱딱한 지적 공부에 부드러운 감성적 요소를 가미하자. 그래야 공부가 즐겁다.

그리고 기억하라! 좌뇌가 의식적인 영역이라면, 우뇌는 잠재의식 영역이다. 여기에 무한한 가능성이 잠재해 있다. 우뇌가 감성과 창조성, 잠재 능력의 보고인 것은 이에서 비롯된다.

::창재는 '우뇌'로 생각한다

다음은 창재들의 공통된 특징이다. 자신이 해당되는 것에 체크를 해 보자.

✓ 체크 포인트
1. 지적 호기심이 크다. ( )
2. 광범위한 흥미를 갖고 있다. ( )
3. 직감력이 뛰어나다. ( )
4. 자기가 하는 일에 심취하고 열중하는 경향이 있다. ( )
5. 자기가 하는 일에 뚜렷한 목적의식과 참여 의식이 있다. ( )
6. 새로운 경험이나 정보에 높은 수용성을 보이고 개방적이다. ( )
7. 행동이나 태도에 습관적인 요소가 적다. ( )
8. 때로는 퇴행적이며, 반추적인 사고나 혼자만의 생각에 사로잡힐 때가 많다. ( )
9. 자기감정을 파악하고 컨트롤하는 능력이 뛰어나다. ( )
10. 다른 사람의 입장에 공감하며, 판단의 기준이 객관적이다. ( )
11. 대인 관계에 자신이 있다. ( )
12. 기회를 잘 포착한다. ( )
13. 외부로부터의 억압이나 구속을 배척한다. ( )

이 모두가 우뇌적 특성이라는 데 놀라게 된다. '창조는 우뇌에서'라는 뇌과학의 결론이 실증된 셈이다.

당신은 몇 가지나 해당되는가? 7개 이상이면 상당한 수준의 창재적 자질이 있는 사람이다. 축하한다!

창조적 환경과 창재의 상관관계

역사에 남은 위대한 업적들은 대체로 특정한 한 시기, 한 장소에 집중되어 있다. 기원전 5세기의 아테네 문학, 19세기 중·후반기의 파리 건축과 무대 예술, 20세기 초 미국의 실용적 창조물 등이 대표적이다. 하지만 무엇보다 르네상스의 중심 피렌체를 빼놓을 수 없다. 그 무대에서 다빈치, 미켈란젤로 등의 거장들이 탄생했다. 물론 재능도 타고났지만 그들이 세기적 거장으로 클 수 있었던 것은 피렌체의 사회문화적 분위기 덕분이라는 것이 후세 사학자들의 연구 결과다.

지금도 피렌체 광장에 앉아 있노라면 '여기서는 무언가 될 것 같은' 묘한 분위기에 휩싸이게 된다. 다빈치와 미켈란젤로, 이름만 들어도 가슴 설레는 두 거장은 놀랍게도 특출할 것 없는 평범한 상인

집안에서 태어났다. 하지만 그들의 억누를 수 없는 창조적 구동력(驅動力)은 어릴 적부터 그들을 창조의 현장으로 향하게 했다. 거기서 선배 대가들의 도제로 일하며 착실히 기본부터 배우기 시작한다. 당시 피렌체는 창조적 환경으로 넘쳐 났다. 골목마다 즐비한 공방(工房)을 기웃거리는 것만으로도 예술적 자극을 받을 수 있었고, 모방을 통해 절로 공부가 되었다.

이게 진짜 공부다. 살아 있는 공부다. 이러한 고도의 창조적 예술 환경에서 그들의 뇌 속에 새로운 창조적 학습 회로가 착착 자리 잡혀 간 것이다. 공정한 경쟁적 분위기와 귀족들의 재정적 후원 속에서 이들은 마음껏 공부하고, 자유롭게 창작 활동에 전념할 수 있었다. 당시 예술가들은 배고프지 않았다. 그리고 세계의 첨단을 걷는다는 자각과 자부심으로 넘쳐 있었다. 한마디로 당시의 피렌체는 창조적 뇌를 만드는, 그리고 이를 적극적으로 조장하는 사회문화적 환경이 완벽했다.

우리는 여기서 '세기의 창재들은 타고나느냐, 만들어지느냐?' 라는 논쟁을 마감할 수 있게 된다. 두 거장의 유전적 요인은 분명하지 않지만, 타고나면서부터 창조적 재능이 어디엔가 숨어 있었다는 사실은 부인할 수 없다. 하지만 그 작은 씨앗을 활짝 꽃피우게 한 것은 당시의 사회문화적 환경이었다. 두 거장은 독신으로 장수하면서 죽기 직전까지 오직 창작과 연구 활동에만 전념할 수 있었다. 결론적으로 그들의 잠재 능력을 일찍이 꿰뚫어 보고 키워 준 환경이 그들을 역사적 위인으로 남게 한 것이다.

너무 멀고 큰 이야기라 우리 피부에 와 닿지 않을 수도 있다. 하지만 이 예를 통해 창재는 만들어진다는 사실을 다시 한 번 깨닫기 바란다. 지금의 우리에겐 창조적 자극으로 넘쳐 나는 환경 조성이 무엇보다 절실하다. 가정에서 학교에서 직장에서, 그리고 우리 사회 전체가 창조적 학습 분위기로 넘쳐 나게 해야 한다. 지금 골방에서 게임에 푹 빠져 있는 우리 아이들은 어떨까? 이건 창조가 아니라 뇌를 죽이는 길이다.

빌 게이츠가 르네상스 시대의 피렌체에서 태어났다면 어떻게 되었을까? 창재는 혼자 되는 게 결코 아니다.

마음만 먹으면 누구나 천재가 된다

성공은 습관이다. 한번 성공해 본 사람은 그 성공의 이미지가 쉽게 그려지기 때문이다. 나는 칼럼을 쓰면서 진행이 잘 안 되더라도 크게 걱정하지 않는다. 시간이 되면 결국 써내고 만다는 걸 알기 때문이다. 탈고 후의 후련함과 커피 한 잔 느긋하게 마시면서 참 잘 썼다고 흐뭇해하는 모습이 눈앞에 선하기 때문이다.

이렇게 성공의 이미지를 그리는 것이 요즈음 새로 나온 심리 기술은 아니다. 예로부터 우리 조상은 기원에 능했다. 원시 종교는 물론이고 모든 종교는 기원에서 비롯된다. 비는 행위는 인류 역사와 함께해 온 전통이자 인습이다. 조상들은 원하는 대로 된다는 확신을 갖고 성취 후의 모습을 그리면서 빌었다. 기우제를 지낼 때는 비가 대지를 촉촉이 적시는 모습을 떠올리며 빌었다. 우리도 그래야 한다.

기억하자. 측두엽의 편집 기능을! 우리가 간절히 기원하면 기억도 원하는 방향으로 편집된다.

성공을 향한 여정은 험난하겠지만 목표가 분명하면 길이 보인다. 웬만한 난관도 그저 하나의 과정이라 생각, 묵묵히 견딜 수 있다. 장벽에 막히면 돌아가거나 쉬어 갈 수도 있다. 하지만 포기하지는 않는다. 이것은 내가 할 일이고 나만이 할 수 있는 일이기 때문이다.

일이 잘 풀리지 않을 때는 그 이유를 정확히 분석하고 다른 방법을 연구해야 한다. 또다시 실패하지 않기 위해서다. 프로 기사가 대국 후 복기를 하는 것도 이런 이유 때문이다. 실책으로 대국을 망친 뼈아픈 기억을 되살려 다음 대국을 대비한다.

문제는 의지다. 내가 이 이야기를 길게 쓰는 이유는, 우리 젊은이들에게 그만큼 강한 의지가 있는가 하는 의구심이 들기 때문이다. 당사자 의식이 강해야 문제가 보인다. 출발은 여기다. 문제가 보여야 해결책을 연구하게 된다. 그리고 문제가 보이려면 '여긴 내가 주인이다'라는 확실한 의식이 있어야 한다.

'월급쟁이 주제에 무슨……'

이것이 진정 당신의 진심이 아니길 바란다.

오히려 월급쟁이니까 회사에 대한 주인 의식이 더욱더 강해야 한다는 것이 내 생각이다. 그럴 때 비로소 문제가 보이고, 해결하려는 노력을 하게 된다. 이게 창조다. 창조를 위해서는 새로운 공부를 하고 연구하는 진지한 자세가 된다. 그래야 인정도 받고 승진할 수 있다. 언젠가 진짜 주인이 되는 날이 온다.

창재란 대단한 재능이 아니다. 이긴 정말이지 마음먹기에 달려 있다. 목표는 물론 내 능력에 맞게 적정 수준으로 설정해야 한다. 뇌는 약간 부담되는 목표를 좋아한다. 그 과정은 힘들지만 성공 후의 쾌감을 알기 때문이다. 그 기분을 잘 기억해 두었다 다음 기회에 또 재현하려는 것이 뇌의 본성이다.

힘들어도 이를 돌파하려는 뇌의 본성은 우리의 의지보다 더 강할 수 있다. 성공은 마음먹기에 달렸다는 말을 믿어야 한다. 천재나 수재는 아무나 될 수 없지만, 창재는 마음먹기에 따라 누구든지 될 수 있다.

성패는 과학적 훈련 방법에 달렸다

운동이나 음악의 천재에게는 물론 소질과 재능이 있어야 한다. 하지만 능력보다 더 중요한 것은 재능을 갈고닦는 연습이다. 천부적인 소질도 연습이 받쳐 주지 않으면 무용지물. 사실 재능보다는 피나는 연습으로 성공한 인물이 더 많다.

앞에서 살펴본 것처럼 우리 뇌는 감각계와 운동계가 따로 있다. 이 둘이 연계되어야 비로소 예술적 작품이 나온다.

그렇다고 무조건 연습만 하는 것이 능사는 아니다. 고도의 기술 향상은 의욕, 집중, 훈련의 세 요소가 바탕이 될 때 가능하다. 이를 잘하기 위해서는 즐거운 기분으로 해야 하고, 부모의 적극성과 돈, 시간이라는 자산이 필요하며, 잘 기획된 과학적 훈련이 뒷받침되어야 한다.

이 과정을 뇌과학적으로 분석해 보자. 일단 새로운 학습을 함으로써 뉴런의 수상 돌기가 가지를 뻗쳐 새로운 시냅스, 신경 회로를 튼튼히 해야 한다.

같은 시간에 두 배 효과 거두기

피아노 연습부터 해 보자. 악보를 본다. 시각야가 자극을 받아 정보를 전두엽의 운동야(運動野)로 보낸다. 이때 시각야와 운동야가 수상 돌기로 연결된다. 처음에는 연결이 없거나 엉성하다. 그러나

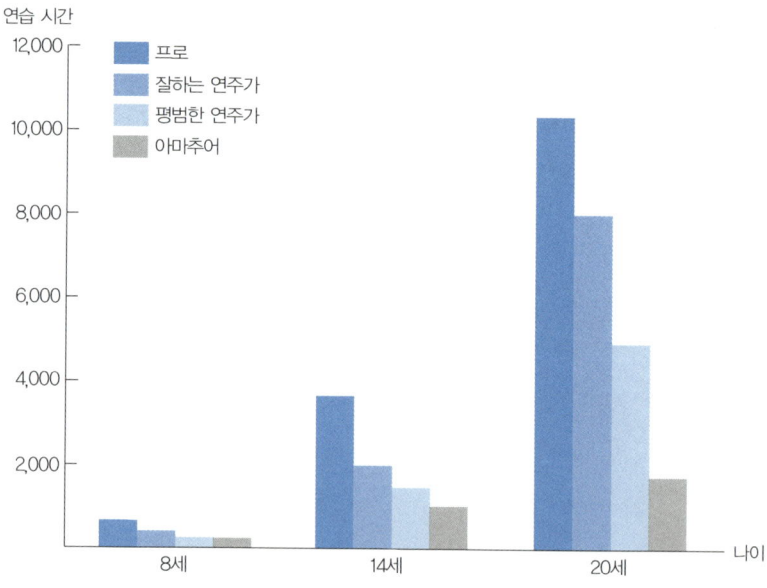

▶연습 시간과 기술 달성도의 관계
(Erickson, 1993)

연습하면 이 연결망, 즉 신경 회로가 강고해진다. 나중엔 악보를 보지 않고도 칠 수 있다.

연습이 얼마나 중요한가는 앞의 그림을 보면 쉽게 알 수 있다.

연습 시간과 기술 달성도는 정확히 비례하는 게 아니다. 연습을 하면 할수록 기술은 그보다 더 많이 늘어나는 것이다. 천재는 연습이요, 훈련이라는 말이 실감 난다. 새로운 것을 익힘으로써 새로운 뇌 회로가 생성되고, 계속 연습하면 회로가 강고해진다. 이 과정이 곧 천재의 길이다.

물론 연습은 과학적이어야 한다. 같은 연습 시간이라도 방법에 따

▶공부량과 성과의 관계
(Yuji, 2001)

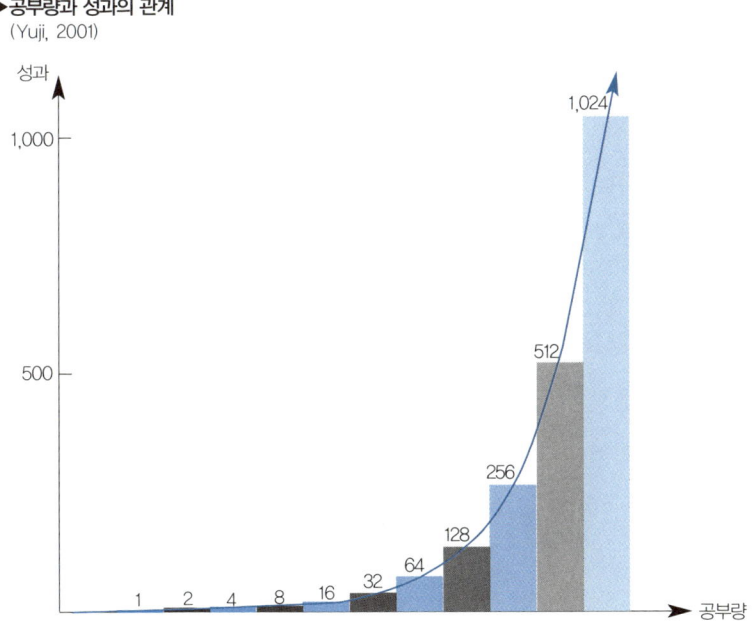

라 효과가 다르다. 짧은 시간에 집중적으로 해야 효율이 높다. 특히 아침 시간이 효율적이다. 하루 4~5시간 연습하고 공부하되 그 후 낮잠을 자야 기억이 정리되면서 머릿속에 정착된다. 입력과 저장이 잘되어야 즐거운 마음으로 훈련할 수 있고, 뇌가 세로토닌과 도파민의 영향을 받아 쾌적한 상태가 된다. 그러면 연습을 계속할 수 있으며, 생각과 정신, 머리가 긍정적으로 된다. 집중력과 기억력이 향상된다. 당장은 좀 힘들어도 기술이 향상되고 성공에 대한 이미지가 확연하게 떠오르면서 인내력도 생긴다.

공부의 원리도 이와 다르지 않다. 천부적 자질을 타고나도 연습과 훈련에서 승부가 갈리듯 공부의 성패도 결국은 양이 결정한다. 오해하지 말아야 할 것은 여기서 말하는 공부는 학교 공부만이 아니라는 점이다. 창의력이 형편없는 박사가 하도 많아서 하는 말이다.

연습할수록 기억에 오래 남는다

전두엽의 창의력이 활발하려면 뇌의 다른 부위도 물론 활발해야 한다. 풍부한 정보, 지식, 경험, 예민한 감수성은 물론이고 전두엽에 필요한 기억 정보를 측두엽이 즉시 끄집어내 보내야 한다. 고로 창조는 기억이고, 기억은 암기다. 기억은 지능과도 관계없고 특별히 기억의 재주가 따로 있다는 뇌과학적 보고도 아직 없다. 확실한 것은 **기억의 깊이와 수명은 암기를 위한 연습량과 비례한다는 사실이다.**

기억은 걷는 것과 같다. 높이뛰기나 멀리뛰기 등은 천부적 소질이 있어야 한다. 연습한다고 아무나 잘할 수 있는 것이 아니다. 하지만 걷는 거야 누가 못해! 그냥 꾸준히 걷기만 하면 결국 목적지에 닿는다. 한 걸음씩 걷고 또 걷듯이 반복해서 기억하자.

창재도 연습이고, 반복이다.

:: 기억에는 이성과 감성이 동시에 필요하다

▶기억을 관장하는 뇌의 세 부위

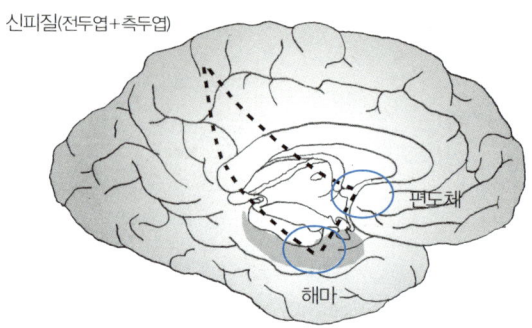

기억은 이성적 기능을 하는 신피질 외에도 감성적 기능을 하는 편도체와 해마가 함께 작용하여 일어난다.

편도체에서 감정을 느끼면 신피질의 전두엽에서 관련 정보를 처리한다. 이것이 해마에 단기 기억으로 저장되었다가 다시 신피질의 측두엽에 장기 기억으로 저장된다. 다음의 사례를 보면 어떤 과정을 거쳐 기억이 저장되는지 알 수 있을 것이다.

[사례 1] 딸기밭을 찾았다

"와, 좋다!"(느낌/편도체) → '좋은 곳이니 기억해 두자'(판단/전두엽) → '딸기밭은 좋은 곳'(단기 기억/해마) → '다음에 또 놀러 가자'(장기 기억/측두엽)

[사례 2] 사자를 만났다

"앗, 무섭다!"(느낌/편도체) → '위험한 것이니 기억해 두자'(판단/전두엽) → '사자는 무서운 것'(단기 기억/해마) → '다음에는 피하자'(장기 기억/측두엽)

➜ Keep in Mind

01 창재는 창조적으로 문제를 해결하는 21세기형 인재
창재의 키워드 :
아이디어맨, 부지런하다, 눈치가 빠르다, 집념이 강하다 등
창재는 난세에 출현하는 영웅! 위기 대처 능력이 탁월하다
오늘날 기업과 사회는 창재를 애타게 찾고 있다

02 창재는 강점 지능으로 공부한다
가드너의 다원적 지능 : 사람마다 강점 지능이 다르다
강점 지능을 발견하고 키우면 창재가 될 수 있다

03 창재는 우뇌로 공부한다
20세기 산업 사회에서는
합리적·이성적으로 사고하는 좌뇌형 인재가 성공
21세기에는 이미지적·감성적·예술적으로 사고하는 우뇌형 인재가 뜬다

04 창재는 주위 환경에서 보고 배운다
피렌체의 예술가들 : 창조성을 권장하는 사회문화적 환경을 경험
창재는 노력으로 만들어지고, 환경을 통해 자라난다

05 천재는 태어나지만, 창재는 만들어진다
기술 향상의 세 요소 : 의욕, 집중, 훈련
뇌는 힘든 과정을 극복한 후 쾌감을 느끼고 그것을 재현하려 한다
창조의 재료는 정보! 정보를 받아들이려면 연습과 훈련이 필요하다

● Epilogue ●

가난한 뇌 vs 풍족한 뇌

갈수록 양극화되는 사회를 보니 걱정이 됩니다. 잘되는 사람은 계속 잘되고, 안 되는 사람은 계속 안 되는 세상. 그런데 사람들은 경제적인 양극화만 걱정하는 모양입니다. 그보다 더 걱정은 뇌의 양극화입니다.

돈을 벌고 성공한 사람들을 떠올려 보십시오. 말이 유창하고 논리적이며, 유머러스하고 설득력이 있습니다. 행동도 민첩하고, 상황 판단이 빠릅니다. 얼굴에는 윤기가 흐르고 자신감이 넘치지요. 그만큼 뇌가 활성화되어 있다는 뜻입니다.

전문적인 일을 하는 사람일수록 공부를 더 많이 하게 되고 그만큼 뇌도 더 활성화되기 마련입니다. 뇌를 많이 쓰면 경쟁력도 생기고, 성공하게 되며, 젊음도 유지하게 됩니다. 하지만 세상에는 그렇지 못한 사람도 많습니다. 뇌가 가난하기 때문입니다. 뇌의 양극화가 경제적 양극화, 결국은 사회적 양극화를 만듭니다.

공부의 의미를 찾는 일은 삶의 의미를 찾는 일

뇌가 충실해야 합니다. 뇌가 가난하면 사는 형편도 가난해집니다. 형편이 좋아야 남도 돌보고 인간관계도 부드러워질 텐데, 그렇지 못하면 몸은 늙어 가고 우울한 노년을 보내게 되겠지요. 그렇다면 방법은? 형편이 어려워도 공부를 하는 수밖에 없습니다. 지금부터 실력을 차곡차곡 쌓아 나중에는 관계를 역전시켜야지요. 그러니 독하게 공부하십시오. 치열하게 살아본 사람, 독하게 해 본 사람만이 인생을 즐길 자격이 있습니다.

이제 우리는 왜 나이 든 후에도 공부를 해야 하는지, 나이 든 후에 왜 공부가 더 잘되는지 알게 됐습니다. 공부로 창조적 인재, 즉 창재가 되어야 불확실한 세상에 살아남을 수 있다는 이야기도 했습니다. 창재가 되려면 어떻게 공부해야 하는지도 뇌과학적으로 설명했습니다. 세로토닌을 활용한 공부법도, 여덟 가지 필살기도 알려 드렸습니다.

자, 남은 건 당신의 마음입니다. 방법은 모두 알았습니다. 이제 이 방법을 쓸 것인지 말 것인지는 여러분의 선택에 달렸습니다. 물론 여러분은 현명한 선택을 할 거라 믿습니다.

그러나 마음먹는 것과 실천으로 옮기는 것은 다릅니다. 부신 피질의 방어 호르몬 이야기를 다시 하지 않더라도, 우리는 작심삼일을 극복하는 게 얼마나 어려운지 알고 있습니다. 그래서 마지막으로 부탁합니다. 공부의 의미를 찾으십시오. 공부를 왜 해야 하는지 생각하십시오. 수없이 강조했지만, 머리로 아는 것과 마음으로 아는 것은 다릅니다. 감정 기억, 생각납니까? 간절함을 느껴야 잠재의식 깊은 곳에 '그래, 공부를 해야겠다'는 생각이 남게 됩니다.

독을 품은 사람이 행복한 이유

잠시 멈추십시오. 그리고 생각해 보십시오. 나는 행복한 인생을 살고 있나? 더 나은 인생을 살 수는 없나? 그리고 떠올려 보십시오. 이루고 싶은 꿈과 소망들. 그걸 왜 못하고 있습니까? 시간과 돈 핑계는 대지 맙시다. 정말 간절하다면 무슨 방법이든 찾아야 합니다. 그러지 못한다면 이유는 하나뿐. 당신이 독하지 못하기 때문입니다. 절실하게 원하지 않기 때문입니다.

그냥 원하지 말고, 구체적으로 그리십시오. 내가 해결해야 할 문제는 무엇인지, 해결하려면 어떤 과정을 거쳐야 하는지, 그 과정을 위해 어떤 공부가 필요한지, 마지막으로 그 공부를 통해 내게 어떤 성과가 돌아오게 될지를 말입니다. 그 마지막 성과를 떠올리면 흐뭇함에 미소가 번질지도 모릅니다. 행복한가요? 그 행복감을 뇌가 기억하게 해야 합니다. 그러면 당신의 잠재의식이 말할 것입니다.

'그래, 공부를 해야겠다!'

그런 생각을 하는 순간, 당신은 성공을 향해 한 발을 내디딘 겁니다. 목표를 향해 확실하게, 독하게 노력하는 당신 모습에 뇌는 다시 행복을 느낍니다. 독을 품은 사람은 행복합니다.

당신은 무엇을 원합니까? 바꿔 말하면 '어떤 것을 공부할 것입니까?'와 같습니다. 이 책을 덮는 즉시 시작하십시오. 인생은 짧습니다. 지금 당장 시작하지 않으면 나중에 후회하게 될지도 모릅니다. 나이가 들었어도, 쌓아 놓은 지식이 없어도 공부는 누구나 할 수 있습니다. 기억하십시오. 당신의 미래는 당신의 공부에 달려 있습니다. 공부는 머리에 따라 달라지지만, 머리는 다시 마음에 따라 달라집니다. 마음에 독을 품으십시오. 당신의 10년 후는 지금의 당신이 만듭니다.

졸저를 마감하면서 고맙다는 말을 빠뜨릴 수 없군요. 이 책의 초고는 정확히 1년 전 오키나와에서 완성됐습니다. 하지만 편집 과정에서 내용을 삭제하고 보충하는 등 까다로운 작업이 있었습니다. 송미진 편집장을 비롯한 중앙북스 출판팀의 헌신적 노력이 이 책의 완성도를 더욱 높여 주었습니다. 일본 학자들과의 대담, 학술 자료 등을 찾아 주선하느라 애써 주신 유영희 선생님에게도 감사를 전하고 싶습니다. 언제나처럼 창조의 산실을 만들어 주신 허브나라, 그리고 선마을 가족들의 노고도 잊을 수 없습니다.

마지막으로 가장 좋은 환경에서 이 책을 집필할 수 있게 도와준 오키나와 클럽 메드 스태프들에게 특별한 고마움을 전합니다.

Lastly, but not least, I just can't stop saying thanks for your sincere hospitality during my staying in CLUB MED ISHIGAKI, OKINAWA. All staff and various fun activities cheered me up greatly in my writing the book. Without your good service and friendship, I may not be able to complete my book. My friends, thank you again.

궁헌제에서

● 참고문헌 ●

: 이시형, 『에이징 파워』, 리더스북, 2007

: 이시형, 『우뇌가 희망이다』, 풀잎, 2005

: Daniel G. Amen, M.D. *Change Your Brain, Change Your Life*. Three Rivers Press, N.Y. 1998.

: Arthur C. Guyton, John E. Hall. *Textbook of Medical Physiology*. W.B. Saunders, N.Y. 2002.

: Nancy C. Andreasen. *The Creating Brain*. Dana Press, N.Y./Washington, D.C. 2005.

: 久恒辰博, 『絶對成功する「ヒラメキ腦」のつくリ方』, 株式會社講談社, 2006

: 莊司雅彦, 『最短で結果が出る超勉强法』, 株式會社講談社, 2007

: 茂木健一郎, 『腦と創造性』, PHP硏究所, 2006

: 茂木健一郎, 『ひらめき腦』, 株式會社新朝社, 2006

: 和田秀樹, 『人はなぜ「感情で動く」のか』, 株式會社波乘社, 2008

: 大島淸, 『頭が良くなる腦科學講座』, 株式會社ナツメ社, 2003

공부하는 독종이 살아남는다

초판 1쇄 | 2009년 3월 10일
118쇄 | 2023년 2월 15일

지은이 | 이시형

발행인 | 박장희
부문 대표 | 정철근
제작 총괄 | 이정아
편집장 | 조한별

북에디팅 | 정연숙
교정·교열 | 신윤덕
디자인 | Design co*kkiri
저자사진 | F1 최상규
일러스트 | 김상민

발행처 | 중앙일보에스(주)
주소 | (03909) 서울시 마포구 상암산로 48-6
등록 | 2008년 1월 25일 제2014-000178호
문의 | jbooks@joongang.co.kr
홈페이지 | jbooks.joins.com
네이버 포스트 | post.naver.com/joongangbooks
인스타그램 | @j__books

ISBN 978-89-6188-811-0 03320

- 이 책은 저작권법에 따라 보호받는 저작물이므로 무단 전재와 무단 복제를 금하며 책 내용의 전부 또는 일부를 이용하려면 반드시 저작권자와 중앙일보에스(주)의 서면 동의를 받아야 합니다.
- 책값은 뒤표지에 있습니다.
- 잘못된 책은 구입처에서 바꿔 드립니다.

중앙북스는 중앙일보에스(주)의 단행본 출판 브랜드입니다.